CATALOGUE
DES LIVRES

COMPOSANT LA BIBLIOTHÈQUE

DE

FEU M. MOQUIN-TANDON

MEMBRE DE L'INSTITUT

La vente aura lieu le lundi 20 avril 1874 et les trois jours suivants

Rue des Bons-Enfants, 28 (maison Silvestre)
SALLE N° 1

Par le ministère de Me DELBERGUE-CORMONT, commissaire-priseur
Rue de Provence, 8

PREMIÈRE PARTIE
SCIENCES — BOTANIQUE

DEUXIÈME PARTIE
PATOIS FRANÇAIS

PARIS
ADOLPHE LABITTE, LIBRAIRE
DE LA BIBLIOTHÈQUE NATIONALE
4, RUE DE LILLE, 4

1874

ORDRE DES VACATIONS

1re VACATION. — *Lundi* 20 *avril* 1874.

Sciences	1 à 57
Patois	417 à 517
Botanique	58 à 100

2e VACATION. — *Mardi* 21 *avril* 1874.

Botanique	101 à 208
Patois	518 à 616

3e VACATION. — *Mercredi* 22 *avril* 1874.

Sciences	301 à 367
Patois	617 à 717
Patois	368 à 416

4e VACATION. — *Jeudi* 23 *avril* 1874.

Patois	718 à 769
Monographies botaniques	209 à 300

Livres en lots

CONDITIONS DE LA VENTE

La vente se fait au comptant.

Les réclamations devront être faites, au plus tard, dans les vingt-quatre heures qui suivront la dernière vacation. Passé ce délai, les articles adjugés ne seront repris pour aucune cause.

Les acquéreurs payeront 5 0/0 en sus des enchères, applicables aux frais.

Il y aura, chaque jour de vente, de deux heures à quatre, exposition des livres qui seront vendus le soir.

Paris. — Typographie Georges Chamerot, rue des Saints-Pères, 19.

CATALOGUE
DES LIVRES

COMPOSANT LA

BIBLIOTHÈQUE DE FEU M. MOQUIN-TANDON

MEMBRE DE L'INSTITUT.

PREMIÈRE PARTIE

SCIENCES

I. SOCIÉTÉS SAVANTES. — MÉLANGES.

1. Histoire et mémoires de l'Académie royale des sciences, inscriptions et belles-lettres de Toulouse. *Toulouse, impr. Desclassan*, 1732-90, 4 vol. in-4, pl. demi-rel. bas.

2. Histoire et mémoires de l'Académie des sciences, inscriptions et belles-lettres de Toulouse, depuis son rétablissement en 1807, pour faire suite à l'Histoire et aux mémoires de l'ancienne académie. *Toulouse, impr. de Jean-Matthieu Douladoure*, 1827-1862, 27 vol. in-8, pl. demi-rel. bas.

3. Recueil des bulletins publiés par la Société libre des sciences et belles-lettres de Montpellier. *Montpellier, Tournel*, 1803-1805, 5 vol. in-8, pl. demi-rel. bas.

4. Bulletin d'histoire naturelle de la Société Linnéenne de Bordeaux et de ses sections françaises et étrangères. *Bordeaux, impr. de R. Laguillotière*, 1826-27, 2 vol. in-8, demi-rel. bas.

5. Mémoires de la Société des lettres, sciences et arts de l'Aveyron. *Rodez, impr. Ratery*, 1837-47, 6 vol. in-8, demi-rel. bas.

6. Nouveaux Mémoires de la Société helvétique des sciences naturelles. *Neufchâtel*, 1837-38, 4 vol. in-4, demi-rel. bas.

7. Singularités et choses mémorables observées en divers pays étrangers, par Pierre Belon, du Mans. *Paris, G. Corrozet*, 1554, 3 part. en 1 vol. pet in-4, fig. v. gr. fil.

Manque le titre de la première partie.

8. Recueil de soixante-dix pièces sur les sciences, par MM. F. Belly, A. Chenot, C.-M. Guillemin, C.-L.-A. Letellier, A.-F. Orfila, etc. In-8, br.

9. Recueil de cinquante-deux discours sur la botanique, la médecine, etc., par MM. V. Bailly, D. Clos, P. Gervais, Ch. Des Moulins, etc. In-8, cart. et br.

2. HISTOIRE NATURELLE GÉNÉRALE. ZOOLOGIE.

10. Plinii Secundi Historia mundi, denuo emendata. *Basileæ*, 1535, in-fol. v.

11. Caroli a Linné Systema naturæ per regna tria naturæ. *Lugduni, Delamollière*, 1789, 7 vol. in-8, demi-rel. bas.

12. Système d'histoire naturelle, en IV règnes : l'animal, le végétal, le minéral et celui des eaux. *Hagæ-Comitum*, 1765, in-fol. fig. bas.

13. Tableau encyclopédique et méthodique des trois règnes de la nature, par l'abbé Bonnaterre. Ich-

thyologie, Ornithologie, Erpétologie. *Paris*, *Panckoucke*, 1788-90, 3 vol. in-4, pl. demi-rel. bas.

14. Cours d'histoire naturelle fait en 1772, par Michel Adanson, avec introduction et des notes par J. Payer. *Paris*, *Fotin*, *Masson*, 1845, 2 vol. in-12, br.

15. Annales des sciences naturelles comprenant la zoologie, par Milne Edwards, la botanique par Ad. Brongniart et J. Decaisne, tomes 1 à 4, moins le 2e n°, et tomes 5 à 17. *Paris*, *V. Masson*, 1854-62, in-8, br. pl.

16. Histoire naturelle du Jorat et de ses environs, par le Cte de Razoumowsky. *Lausanne*, *J. Mourer*, 1789, 2 tom. en 1 vol. in-8, pl. bas.

17. Histoire physique, politique et naturelle de l'île de Cuba, par Ramon de la Sagra, botanique, plantes vasculaires par A. Richard. *Paris*, *A. Bertrand*, 1845, gr. in-8, br.

18. Historia física y política de Chile, por Claudio Gay. *Paris*, 1845-52, 8 vol. in-8, br. et atlas.

19. Histoire naturelle et morale des Indes, tant orientales qu'occidentales, par J. Acosta. *Paris*, *A. Tiffaine*, 1616, petit in-8, v.

20. Histoire naturelle des îles Canaries, par P. Barker-Webb et Sabin Berthelot. *Paris, Béthune*, 1842, 4 vol. et atlas in-4, demi-rel. bas. viol.

21. Histoire naturelle des îles Canaries, par Barker-Webb et Sabin Berthelot. Phanérogamie, tome II, texte et planches. — Phanérogamie, tome III, texte et planches. — Phytographie, cryptogamie, tome III (2e partie), texte et pl. — Vertébrés, texte et pl. — Géographie, botanique, texte. — Mollusques, texte et planches. — Insectes, texte et pl. — *Paris, Béthune*, 1838-43, in-fol. br.

22. Collectanea zoologica, 1748, 2 vol. in-8, pl. demi-rel. bas.

23. Familles naturelles du règne animal, par Latreille. *Paris, Baillière*, 1825, in-8, demi-rel. bas. n. rog.

24. Encyclopédie méthodique. Histoire naturelle des animaux. *Paris*, *Panckoucke*, 1782-87, 3 vol. in-4, demi-rel. bas.

25. Principes de philosophie zoologique discutés en mars 1830 au sein de l'Académie royale des sciences, par Geoffroy Saint-Hilaire. *Paris*, *Pichon et Didier*, 1830, in-8, pl. demi-rel. bas.

26. Discours sur les progrès futurs de la science de l'homme, prononcé dans l'Ecole de médecine de Montpellier, le 20 germinal an XII, par Ch.-L. Dumas. *Montpellier*, *impr. de Tournel*, *s. d.* in-4, cart.

27. De l'Espèce et des races dans les êtres organisés et spécialement de l'unité de l'espèce humaine, par D.-A. Godron. *Paris*, *J.-B. Baillière*, 1859, 2 vol. in-8, br.

27 *bis*. Iconografia della fauna Italica di Carlo Luciano Bonaparte, principe di Musignano. *Roma*, *P. Filippo et F. Bonifazi*, 1832-41, 30 fascicules in-fol. br. pl.

28. Historiæ naturalis de quadrupedibus libri, cum æneis figuris, Johannes Jonstonus med. doctor concinnavit. *Amstelodami, J.-J. Schipper*, 1657, in-fol. fig. v. gr.

29. De la Conformation du cheval, suivant les lois de la physiologie et de la mécanique, par A. Richard. *Paris*, 1847, in-8, pl. br.

30. Collection de reptiles composée par G.-J. Roubieu. *Paris*, 1830, atlas in-fol. demi-rel. bas.

31. Enquête sur le serpent de la Martinique, vipère fer de lance, Bothrops lancéolé, etc., par le Dr E. Rufz. *Paris*, *G. Baillière*, 1859, in-8, pl. br.

32. Tableau systématique de la famille des limaçons, cochleæ. *S. l. n. d.*, pet. in-fol. demi-rel. v. viol. n. rog. (*Thouvenin.*)

33. Nouvelle Monographie des sangsues médicinales, par le Dr Ebrard. *Paris*, *J.-B. Baillière*, 1857, in-8, 12 pl. noire et col. br.

34. Monographie du genre Hirudo, ou description des espèces de sangsues qui se trouvent ou qui sont en usage en Piémont, etc., par le professeur H. Carena. *S. l. n. d.*, in-4, fig. color. demi-rel. bas.

35. Memoria sugli Anellidi della famiglia delle sanguisughe coll'indicazione di alcune specie indigene della Lombardia, di Filippo de' Filippi. *Milano*, *tipogr. di G.-B. Bianchi*, 1837, in-4, pl. br.

36. Recueil de quarante-deux pièces sur les sangsues, par MM. A. Charpentier, A. Dassier, Ch. Levieux, J. Martin, L. Vaysou, etc. In-4 et in-8, fig. cart. et br.

37. Encyclopédie méthodique. Histoire naturelle des vers, par Bruguière. *Paris*, *Panckoucke*, 1789-92, 3 vol. in-4, pl. demi-rel. bas. et cart.

38. La Structure du ver à soye et de la formation du poulet dans l'œuf, contenant deux dissertations de Malpighi, médecin de Bologne. *Paris, M. Villery*, 1686, in-12, fig. demi-rel.

39. Recueil de vingt-cinq pièces sur les vers à soie, par MM. Dutrochet, Guérin-Meneville, Robinet, etc. In-8, cart. et br.

40. Historiæ naturalis de Avibus cum æneis figuris Johannes Jonstonus, medicinæ doctor, concinnavit. *Amstelodami, ap. Joannem Jacobi*, 1657, in-fol. fig. v. gr.

41. Francisci Willughbeii Ornithologiæ libri tres. *Londini*, *J. Martyn*, 1676, in-fol. 77 pl. v. f.

42. Ornithologie, par Mauduyt (texte). *S. l. n. d.*, in-4, demi-rel. bas.

43. Jacobi Christiani Schæfferi Elementa ornithologica iconibus vivis coloribus expressis illustrata. *Ratisbonæ, typ. Breitfeldianis*, 1779, in-4, portr. et fig. col. v. marbr. fil.

44. Histoire naturelle des oiseaux. *Paris, Impr. royale*, 1770, 5 vol. in-4, fig. color. v. f. fil. tr. dorée.

45. Iconographie des perroquets, par Charles de Souancé, avec la coopération de S. A. le prince Bonaparte et E. Blanchard. Histoire naturelle des perroquets. *Paris, Bertrand*, 1857, 12 livraisons in-fol. br. pl. coloriées.

46. Iconographie des pigeons, par Ch.-L. Bonaparte. Histoire naturelle des pigeons. *Paris, Bertrand*, 1857, 12 livraisons in-fol. br. pl. coloriées.

46 *bis*. Animaux nouveaux ou rares recueillis pendant l'expédition dans les parties centrales de l'Amérique du Sud, de Rio de Janeiro à Lima, et de Lima au Para, exécutée par ordre du gouvernement français pendant les années 1843 à 1847, sous la direction du comte F. de Castelneau. *Paris, P. Bertrand*, 1855-57 (oiseaux), 2 vol. in-4, fig. coloriées.

47. L'Apiculteur praticien, journal des cultivateurs d'abeilles, marchands de miel et de cire, publié sous la direction de M.-H. Hamet. *Paris*, 1856 à 62, 6 vol. in-8, fig. cart.

48. Ichthyologie analytique, ou essai d'une classification naturelle des poissons, à l'aide des tableaux synoptiques, par A.-M.-C. Duméril. *Paris, Didot*, 1856, in-4, br.

49. Index testarum conchyliorum quæ adservantur in museo Nicolai Gualtieri. *Florentiæ, typ. C. Albizzini*, 1742, in-fol. pl. cart.

50. Conchyliologie systématique et classification méthodique des coquilles, par Denys de Montfort. *Paris*, *Schœll*, 1808-10, 2 vol. in-8, fig. demi-rel. bas.

51. L'Histoire naturelle éclaircie dans une de ses parties principales, la conchyliologie, qui traite des coquillages de mer, de rivière et de terre, etc., par M***. *Paris, De Bure,* 1757, in-4, fig. v. marb.

52. Histoire des coquillages de mer, de leurs mœurs et de leurs amours, par Cubières. *Versailles, an VIII*, in-4, 21 planches, demi-rel. v. bl.

53. Mémoire sur un nouveau genre de coquille bivalve équivalve de la famille des Solénoïdes, par J.-B. Ménard de la Croye. *Paris*, 1807, in-4, pl. cart.

54. Conchyliologie fossile des terrains tertiaires du bassin de l'Adour (environs d'Ax), par le Dr Grateloup. *Bordeaux*, *Lafargue*, 1840, 2 vol. dont 1 atlas. in-4, demi-rel. bas. v.

55. Histoire naturelle du Sénégal, coquillages, avec la relation abrégée d'un voyage fait en ce pays, pendant les années 1749, 50, 51, 52 et 53, par Adanson. *Paris*, *C.-J.-B. Bauche*, 1757, in-4, fig. marb.

56. Recueil de 65 pièces sur l'acclimatation, par MM. A. Gris, Jacquemart, Soubeiran, etc. In-8, broché.

57. Essai pour servir à l'histoire des animaux du midi de la France, par Marcel de Serres. *Paris*, *Gabon*, 1822, in-4, demi-rel. bas.

3. BOTANIQUE.

A. *Classifications, Musées, Flores, Botanique médicale, Horticulture, Mélanges.*

58. L'Histoire des plantes réduite en très-bon ordre, augmentée de plusieurs simples, avec leurs figures

et portraicts, et illustrée par les commentaires de Léonarth Fusch, médecin, faicts premièrement en latin, et puis traduits en françois. *Lyon, Ch. Pesnot*, 1575, pet. in-fol. fig. peau de mouton.

59. Histoire admirable des plantes et herbes esmerueillables et miraculeuses en nature, par A. Duret. *Paris, N. Buon*, 1605, pet. in-8, fig. demi-reliure.

Rare.

60. Histoire générale des plantes, tirée de l'exemplaire latin de la bibliothèque de Jacques Dalechamp, et mise en françois par J. Desmoulins, *Lyon, Ph. Borde*, 1653, 2 vol. in-fol. fig. bas.

61. Mémoires pour servir à l'histoire des plantes, par Dodart. *Paris, Impr. royale*, 1679, in-12, mar. r. fil. tr. d. (*Rel. anc.*)

62. Joseph Pitton-Tournefort. Institutiones rei herbariæ. *Parisiis, Typ. regia*, 1719, 3 vol. in-4, v. marb. dont 2 de pl.

63. Recherches sur l'usage des feuilles dans les plantes et sur quelques autres sujets relatifs à l'histoire de la végétation, par Ch. Bonnet. *Gottingue et Leide, E. Luzac*, 1754, in-4, pl. demi-rel. bas.

64. Dictionnaire élémentaire de botanique, par Bulliard. *Paris, Didot le jeune*, 1783, pet. in-fol. pl. color. cart.

65. Encyclopédie méthodique : Botanique, par le chevalier de Lamarck. *Paris, Panckoucke*, 1783-1808, 8 vol. et 6 vol. de supplément in-4, demi-reliure.

66. Tableau encyclopédique et méthodique des trois règnes de la nature (botanique), par le chevalier de Lamarck. *Paris, Panckoucke*, 1791-1823, 7 vol. in-4, demi-rel, dont 4 de pl.

67. Démonstrations élémentaires de botanique. *Lyon, Bruyset*, 1796, 2 vol. in-4, pl. cart.

68. Système des plantes contenant les classes, ordres, genres, etc., extrait et traduit des ouvrages de Linné, par J.-P. Mouton-Fontenille. *Lyon, Bruyset* (*aîné*), 1805, 6 vol. in-8, dont 1 de planches, demi-rel. bas.

Manque le titre au tome Ier.

69. Histoire naturelle, générale et particulière des plantes, ouvrage faisant suite aux œuvres de Buffon, par C.-F. Brisseau-Mirbel. *Paris, impr. de F. Dufart, an X*, 1806, 18 vol. in-8, fig. cart. n. rog.

70. Phytographie encyclopédique, ou Flore économique, contenant les lois fondamentales de la botanique, les caractères essentiels des genres et des espèces, etc., par Willemet. *Paris, Brunot-Labbe*, 1808, 3 vol. demi-rel. bas.

71. Regni vegetabilis Systema naturale, auctore A. Pyramo de Candolle. *Parisiis, Treuttel*, 1818-21, 2 vol. in-8, br.

72. Prodromus systematis naturalis regni vegetabilis, auctore A. Pyramo de Candolle. *Parisiis, Treuttel*, 1824-62, 14 vol. in-8 (8 demi-rel. 6 br.).

73. Essai d'une iconographie élémentaire et philosophique des végétaux, avec un texte explicatif, par Turpin. *Paris, Panckoucke*, 1820, in-8, pl. col. demi-rel. v. v. n. rog.

74. Icones selectæ plantarum, descripsit A. Pyr. de Candolle et Benj. de Lessert. *Parisiis*, 1820-39, 4 vol. in-fol. pl. cart. n. rog.

75. Opuscules phytologiques, par H. Cassini. *Paris, Levrault*, 1826-34, 3 vol. in-8, demi-rel. bas.

76. Botanographie élémentaire, ou principes de botanique, d'anatomie et de physiologie végétale,

par Thém. Lestiboudois. *Paris*, *Roret*, 1826-27 3 vol. in-8, pl. br.

77. Organographie végétale, ou description raisonnée des organes des plantes, par Aug. Pyr. de Candolle. *Paris*, *Déterville*, 1827, 2 vol. in-8, 60 pl. demi-rel. bas.

78. Cours de culture et de naturalisation des végétaux, par André Thoüin. *Paris*, *Huzard*, 1827, 3 vol. in-8, demi-rel. bas.

79. Mémoires sur les plantes naturelles, par A.-P. de Candolle, *Paris*, *Treuttel*, 1828, 8 parties en 2 vol. in-4, pl. demi-rel. bas.

80. Physiologie végétale, ou exposition des forces et des fonctions vitales des végétaux, par Aug.-Pyr. de Candolle. *Paris*, *Béchet (J.)*, 1832, 3 vol. in-8, demi-rel. bas.

81. Introduction à l'étude de la botanique ou traité élémentaire de cette science, par Alph. de Candolle. *Paris*, *Roret*, 1835, 2 vol. in-8, pl. demi-rel. bas.

82. Éléments de botanique spécialement destinés aux établissements d'éducation, par N.-C. Seringe. *Paris*, *Hachette*, 1841, in-8, pl. demi-rel. bas.

83. Familles naturelles des plantes de Michel Adanson, publiées par J. Payer et A. Adanson. *Paris*, *V. Masson*, 1847, gr. in-8, br.

84. Atlas de botanique, 2 vol. in-12, demi-rel. bas.

85. Histoire iconographique des anomalies de l'organisation dans le règne végétal, ou série méthodique d'observations raisonnées de tératologie végétale, par Germain de Saint-Pierre. *Paris*, *Klincksieck*, 1855, livr. 1 et 2, in-fol. br. pl.

86. Anatomie comparée des végétaux, comprenant : 1° les plantes aquatiques, les plantes aériennes, etc.,

par Chatin. *Paris*, *Baillière*, 1856, 14 livraisons, in-8, br. pl.

87. Traité d'organogénie comparée de la fleur, par J.-B. Payer. *Paris*, *V. Masson*, 1857, 2 vol. in-4, demi-rel. dos et coins mar. r. n. rog. dont 1 de planches.

88. Choix de plantes, dont la plupart sont cultivées dans le jardin de Cels, par E.-P. Ventenat. *Paris*, *impr. Crapelet*, 1803, gr. in-fol. pl. en ff.

89. Catalogus plantarum Horti regii parisiensis, cum annotationibus de plantis novis aut minus cognitis; auctore Renato Desfontaines. *Parisiis*, *J.-L. Chaudé*, 1829, in-8, demi-rel. bas.

90. Catalogue des plantes du Jardin des plantes de Montpellier, selon De Candolle, par Soulier, jardinier en chef. *Montpellier*, 1834, in-8, demi-rel. bas.

Manuscrit.

91. Atlas du catalogue des plantes cultivées dans les serres de S. Exc. le prince A. de Demidoff à San Donato, près Florence. Pet. in-fol. pl. color. cart.

92. Musée botanique de Benj. Delessert; notices sur les collections de plantes et la bibliothèque qui le composent, par A. Lasègue. *Paris*, *Masson*, 1845, in-8, br.

93. Plantes de Victor Amédée. Atlas in-fol. demi-rel. bas.

94. Synopsis plantarum in agro Lucensi sponte nascentium, auctore Benedicto Puccinellio. *Lucæ*, *typis Bertinianis*, 1841, in-8, fig. br.

95. Caroli Linnæi, botanicorum principis, systema plantarum Europæ, exhibens characteres naturales generum et specierum, etc. *Coloniæ-Allobrogum*, *Piestre et Delamollière*, 1785, 4 vol. in-8, demi-rel. bas.

96. Histoire philosophique, littéraire, économique, des plantes de l'Europe, par J.-L.-M. Poiret. *Paris, Ladrange*, 1825-29, 8 vol. in-8, dont 1 de planches, demi-rel. bas.

97. Histoire physiologique des plantes d'Europe, ou exposition des phénomènes qu'elles présentent dans les diverses périodes de leurs développements, par J.-P. Vaucher. *Paris, Marc-Aurel*, 1841, 4 vol. in-8, demi-rel. bas.

98. Études sur la géographie botanique de l'Europe et en particulier sur la végétation du plateau central de la France, par H. Lecoq. *Paris, J.-B. Baillière*, 1854-58, 9 vol. in-8, br.

99. Plantæ per Galliam, Hispaniam et Italiam observatæ, iconibus æneis exhibitæ a Jacobo Barreliero, opus posthumum. *Parisiis, S. Ganeau*, 1714, in-fol. fig. v. marb.

100. Synopsis plantarum in flora gallica descriptarum, auctoribus de Lamarck et A.-P. de Candolle. *Parisiis, Agasse*, 1806, in-8, demi-rel. bas.

101. Flore française, ou descriptions succinctes de toutes les plantes qui croissent naturellement en France, par de Lamarck et de Candolle. *Paris, Agasse*, 1805-15, 5 vol. in-8, dont 1 de supplément, demi-rel. bas.

102. Flora gallica, seu enumeratio plantarum in Gallia sponte nascentium, secundum Linnæanum systema digestarum ; addita familiarum naturalium synopsi, auctore J.-J.-A. Loiseleur Deslongchamps. *Parisiis, J.-B. Baillière*, 1828, 2 vol. in-8, demi-rel. bas.

103. Introduction à une Flore analytique et descriptive des environs de Paris, suivie d'un catalogue raisonné des plantes vasculaires de cette région, par Cosson, E. Germain et A. Weddell.

Paris, Masson, 1842-43, 2 vol. in-8, demi-rel. bas.

104. Synopsis analytique de la Flore des environs de Paris, ou description abrégée des familles et des genres, par Cosson et E. Germain. *Paris, Masson*, 1845, in-12, br.

105. Catalogue des plantes observées dans l'étendue du département de l'Oise, par Graves. *Beauvais*, 1857, in-8, br.

106. Traité historique des plantes qui croissent dans la Lorraine et les trois Evêchés, par P.-J. Buchoz. *Paris, Fétil*, 1770, tomes 2 à 11, in-12, demi-rel. bas.

107. Flore de Lorraine, par Godron. *Paris, J.-B. Baillière*, 1857, 2 vol. in-12, br.

108. Flore d'Alsace, par F. Kirschleger. *Strasbourg*, 1850-56, 27 livraisons in-12, br. — 3e volume 1re et 2e partie, 1858 à 60, in-12, br.

109. Marci Mappi Historia plantarum alsaticarum posthuma, opera et studio Johannis Christiani Ehrmanni, med. doct. et pract. Argent. *Amstelodami, P. Mortier*, 1742, in-4, pl. br.

110. Buchoz. Plantes figurées de la Lorraine. Atlas in-4, demi-rel. bas.

111. Histoire des plantes de Dauphiné, par Villars. *Paris, Prévost*, 1786-89, 4 vol. in-8, pl. bas.

112. Catalogue raisonné des phanérogames de la Dordogne, suite du supplément final, par Ch. Desmoulins. *Bordeaux, Lafargue*, 1849-59, 2 vol. in-8, br.

113. Flore lyonnaise, ou description des plantes qui croissent dans les environs de Lyon et sur le Mont-Pilat, par le Dr J.-B. Balbis. *Lyon, impr. de C. Coque*, 1827-28, 3 vol. in-8, demi-rel. bas.

114. Flore de la ci-devant Auvergne, ou recueil des plantes observées sur les montagnes du Puy-de-

Dôme, du Mont-d'Or, du Cantal, etc., par A. Delarbre. *Clermont, Landriot et Rousset*, 1800, 2 vol. in-8, bas.

115. Flore d'Auvergne, par A. Delarbre. *Clermont-Ferrand, Beaunet*, 1797. — Flore agénaise, par Saint-Amans. *Agen, Nouber*, 1821. — Les Plantes du département de la Marne, par Lambertye. *Paris, Chamerot*, 1846. — Flore de Toulouse, par D.-J. Tournon. *Toulouse, Bellegarrigue*, 1811. — Plantes du Languedoc, par G. Bentham. *Paris, Huzard*, 1826. — Méthode avec laquelle on parvient facilement et sans maître à connaître les plantes de l'intérieur de la France, par Dubois. *Paris, Janet et Cotelle*, 1833, 6 vol. in-8, demi-reliure.

116. Flore de la Côte-d'Or, ou description des plantes indigènes et des espèces le plus généralement cultivées et acclimatées, par Lorey et Duret. *Dijon, Douillier*, 1831, 2 vol. in-8, fig. demi-rel. bas.

117. Catalogue raisonné des plantes vasculaires du plateau central de la France, comprenant l'Auvergne, le Velay, la Lozère, etc., par H. Lecoq et Martial Lamotte. *Paris, V. Masson*, 1847, in-8, demi-rel. bas. n. rog.

118. Flore de Bourgogne, ou catalogue des plantes naturelles à cette province, etc., par Durande. *Dijon, Frantin*, 1782, 2 vol. in-8, bas.

119. Flore de Tarn-et-Garonne, ou description des plantes vasculaires qui croissent spontanément dans ce département, publiée par A. Lagrèze-Fossat. *Montauban, Réthoré*, 1847, in-8, demi-rel. bas.

120. État de la végétation sous le climat de Montpellier, ou époques des fleuraisons et des productions végétales, par Amoreux. *Montpellier, Renaud*, 1809, in-8, demi-rel. bas.

121. Marcel de Serres. Mélanges. — Flore de Toulouse, 2 vol. in-8, demi-rel.

122. Herborisations sur la montagne Noire et les environs de Sorèze et de Castres, par Doumenjou. *Castres, Ve Challiol*, 1847, in-8, pap. vél. demi-rel. bas. n. rog.

123. Histoire des plantes qui naissent aux environs d'Aix et dans plusieurs autres endroits de la Provence, par M. Garidel. *Aix, J. David*, 1715, pet. in-fol. fig. bas.

124. Histoire abrégée des plantes des Pyrénées, et itinéraire des botanistes dans ces montagnes, par le baron Picot de Lapeyrouse. *Toulouse, Bellegarrigue*, 1818, 2 vol. in-8, pl. bas. rac.

125. Flore du bassin sous-pyrénéen, ou description des plantes qui croissent naturellement dans cette circonscription géologique, par J.-B. Noulet. *Toulouse, Paya*, 1837, in-8, bas. m.

126. Histoire naturelle des principales productions de l'Europe méridionale et particulièrement de celles des environs de Nice et des Alpes maritimes, par A. Risso. *Paris, Levrault*, 1826, 5 vol. in-8, demi-rel. bas.

127. Flora Britannica, auctore Jacobo Edvardo Smith. *Turini, typis Henrici*, 1804-1805, 3 vol. in-12, demi-rel. bas.

128. Agrostologia Helvetica definitionem descriptionemque continens graminum et plantarum eis affinium in Helvetia sponte nascentium, per J. Gaudin. *Parisiis, J. Paschoud*, 1811, 2 vol. in-8, demi-rel. bas.

129. Flora Germanica excursoria, auctore Ludovico Reichenbach. *Lipsiæ, Carolus Knobloch*, 1830-33, 3 vol. in-12, demi-rel.

130. Flora Italiana, ossia descrizione delle piante, disposta secondo il metodo naturale di Filippo

Parlatore. *Firenze, tip. Le Monnier*, 1848-57, 3 vol. in-8, br.

131. Sylloge plantarum vascularium Floræ neapolitanæ hucusque detectarum, auctore Michaele Tenore. *Neapoli, typ. Filreni*, in-8, demi-rel. bas.

132. Flora Sardoa, seu Historia plantarum, auctore J. H. Moris. *Turini, regia typographia*, 1837-59. 4 vol. in-4, br. dont 1 de planches.

133. Otia Hispanica, seu delectus plantarum rariorum, auctore Philippo Barker Webb. *Parisiis, Brockhaus et Avenarius*, 1839, livr. 1 et 2, in-fol. br. pl.

134. Otia Hispanica, seu delectus plantarum rariorum aut nondum rite notarum per Hispaniam sponte nascentium, auctore Philippo Barker Webb. *Parisiis, V. Masson*, 1853, in-4, fig. cart.

135. Museo di piante rare della Sicilia, Malta, Corsica, etc., di don Paolo Boccone. *Venetia, B. Zuccato*, 1697, in-4, pl.

136. Stirpium rariorum in imperio Rutheno sponte provenientium icones et descriptiones collectæ ab Joanne Ammano. *Petropoli*, 1739, in-4, pl. demi-rel. bas.

137. Essai d'une flore de l'île de Zante, par H. Margot et F.-G. Reuter. *Genève*, 1838, in-4, pl. demi-rel. bas.

138. Illustrationes plantarum orientalium, ou choix de plantes nouvelles ou peu connues de l'Asie occidentale, par M. le comte Jaubert. *Paris, Roret*, 1842-57, liv. 1 à 50, in-4, pl.

139. Icones plantarum Asiaticarum. Part. IV. Dicotyledonous plants, by William Griffith. *Calcutta, B. Coshan*, 1854, pl. 360 à 661, in-4, cart.

140. Floræ Libycæ specimen, sive plantarum enumeratio... Dominicus Viviani. *Genuæ*, 1824, pet. in-fol. 27 pl. cart.

141. Fragments d'une Flore de l'Arabie Pétrée, plantes recueillies par L. de Laborde, nommées, classées et décrites par Delile. *Paris*, *Giard*, 1833, in-4, pl. demi-rel. bas.

142. Flora Cochinchinensis, auctore Loureiro. *Ulyssiponæ*, 1790, 2 vol. in-4, demi-rel. bas.

143. Niger Flora, or Enumeration of the plants, by sir W.-J. Hooker. *London, H. Baillière*, 1849, 50 pl. cart. n. rog.

144. Flora Baicalensi-Dahurica, seu descriptio plantarum, auctore Nicolao Turczaninow. *Mosquæ, typis Semen*, 1842-45, in-8, br.

145. Synopsis plantarum quas, in itinere ad plagam æquinoctialem orbis novi, collegerunt Al. de Humboldt et Am. Bonpland, auctore Carolo Sigism. Kunth. *Parisiis*, *Levrault*, 1822-25, 4 vol. in-8, demi-rel. bas.

146. Flora Boreali-Americana, sistens characteres plantarum quas in America septentrionali collegit et detexit Andreas Michaux. *Parisiis*, *Jouanaux*, 1820, 2 vol. in-8, pl. demi-rel. bas.

147. Flora Brasiliæ meridionalis, auctore A. de Saint-Hilaire. *Parisiis*, *Belin*, 1824-33, fascicules 1 à 3, 6 à 24, in-fol. br. pl.

148. Plantarum Brasiliensium nova genera et species novas, vel minus cognitas, collegit et descripsit Josephus Raddius. *Florentiæ*, *typ. Aloisii Pezzati*, 1825, in-fol. pl. demi-rel. dos et coins de mar. r. n. rog.

149. Expédition dans les parties centrales de l'Amérique du sud, de Rio de Janeiro à Lima, et de Lima au Para, exécutée par ordre du gouverne-

ment français pendant les années 1843 à 47, sous la direction du comte de Castelnau, sixième partie, Botanique. *Paris*, *Bertrand*, 1855, 16 livraisons pet. in-fol. br. pl.

150. Floræ peruvianæ et chilensis Prodromus. *Romæ*, 1797, in-4, 37 pl. rel. en parch.

152. Icones lithographicæ plantarum Australasiæ rariorum; decades duæ quas botanicis offert J.-B.-A. Guillemin. *Parisiis*, *Treuttel*, 1827, in-4, pl. demi-rel. bas.

153. Sertum austro-caledonicum, auctore J.-J. de La Billardière. *Parisiis*, *typ. D. Huzard*, 1824, in-4, pl. demi-rel. v. aut.

154. Histoire générale des drogues, traitant des plantes, des animaux et des minéraux, par le sieur P. Pomet. *Paris*, *J.-B. Loyson*, 1694, in-fol. fig. cuir de Russie, fil. tr. dor.

155. Cours de botanique médicale comparée, ou exposé des substances végétales exotiques comparées aux plantes indigènes, par Bodard. *Paris*, *Méquignon*, 1810, 2 vol. in-8, demi-rel. bas.

156. Éléments d'histoire naturelle médicale, par A. Richard. *Paris*, *J. Béchet*, 1831, 2 vol. in-8, pl. demi-rel. bas. v.

157. Materia medica vegetabile Toscana del dottor Gaetano Savi, professor di fisica nell' università di Pisa. *Firenze*, *P. Molini*, 1805, in-fol. pl. br.

158. Essai sur les propriétés médicales des plantes, par A.-P. de Candolle. *Paris*, *Crochard*, 1816, in-8, demi-rel. bas.

159. Traité pratique et raisonné des plantes médicinales indigènes, par F.-J. Cazin. *Paris*, *Labé*, in-8, avec atlas compris, demi-rel. mar. br.

160. Essai sur les cryptogames des écorces exotiques officinales, par A.-L.-A. Fée. *Paris, J. Didot*, 1824-27, 2 vol. in-4, pl. demi-rel. bas.

161. Histoire naturelle médicale et économique des Solanum, et des genres qui ont été confondus avec eux, par M.-F. Dunal, *Paris*, *Kœnig*, 1813, in-4, pl. demi-rel. bas.

162. Précis d'agriculture théorique et pratique à l'usage des écoles d'agriculture, des propriétaires et des fermiers, par MM. Payen et A. Richard. *Paris, Hachette*, 1851, 2 vol. in-8, fig. br.

163. Recueil de 60 pièces sur l'agriculture, par MM. Ch. Blanc, Dralet, C. Montagne, Renault. Viala, etc., in-8, cart. et br.

164. La Physique des arbres, où il est traité de l'anatomie des plantes et de l'économie végétale, par Duhamel du Monceau. *Paris*, *Guérin et Delatour*, 2 parties en 1 vol. in-4, fig. v. f. fil. tr. dor.

165. Des Semis et plantations des arbres et de leur culture, par Duhamel du Monceau. *Paris*, *veuve Desaint*, 1780, in-4, pl. v. marbr.

166. Opuscules de Pierre Richer de Belleval, premier professeur de botanique et d'anatomie en l'Université de médecine de Montpellier, auxquels on a joint un traité d'Olivier de Serres, sur la manière de travailler l'écorce du mûrier blanc. *Paris*, 1785, in-8, demi-rel. bas.

167. Traité de l'olivier contenant l'histoire et la culture de cet arbre. *Montpellier*, *veuve Gontier*, 1784, in-8, demi-rel. bas.

168. Collections de raisins et d'olives dessinées par G.-J. Roubieu. *Paris*, 1839, atlas in-fol. demi-rel. bas.

169. Hesperides, sive de malorum aureorum cultura et usu libri quatuor Jos. Baptistæ Ferrarii Senensis.

Romæ, sumptibus Hermanni Scheus, 1645, in-fol. fig. de Blœmaert, cart. n. rog.

170. Description, culture et taille des mûriers, par N.-C. Seringe. *Paris, V. Masson*, 1855, in-8, fig. broché.

171. Collection de cerises des environs de Montpellier, dessinées par le Dr Roubieu, 1827-28, in-4, demi-rel. bas.

172. Mémoires sur les haies destinées à la clôture des prés, des champs, etc., par Amoreux. *Paris, Cuchet*, 1787, in-8, demi-rel.

173. Recueil de 34 pièces sur la vigne, et particulièrement sur la maladie de cette plante, par MM. Bouchardat, A. Carrière, de Lavergne, Marès, etc., in-8, cart. et br.

174. Recherches scientifiques en Orient, entreprises par les ordres du gouvernement pendant les années 1853-54, publiées par A. Gaudry. Partie agricole. *Paris, Impr. impér.*, 1855, gr. in-8, br.

175. Botanique agricole et médicale, ou étude des plantes qui intéressent principalement les vétérinaires et les agriculteurs, par Rodet. *Paris, Labé*, 1857, in-8, fig. br.

176. Conservation des grains par l'ensillage, par L. Doyère. *Paris, Guillaumin*, 1862, in-8, br.

177. Recueil sur l'horticulture, par MM. le baron Thénard, A. de Saint-Simon, etc., in-8, br.

178. Journal et Flore des jardins, par Boitard, Camuset, Cels, etc., etc. *Paris, Rousselon*, 1832 à 1846, 15 vol. in-8, br.

179. Illustrationes et observationes botanicæ. *Tiguri*, 1778, in-fol. 26 pl. demi-rel. bas.

180. Miscellanea Botanica, 1833-40. 6 vol. in-8, fig. demi-rel. bas.

181. Mélanges de botanique, 1833-35. 3 vol. in-8, pl. demi-rel. bas.

182. Un lot de thèses sur la botanique, 1847-1862. in-4 et in-8, cart. et br.

183. Delilie. Mélanges de botanique, 1833, 2 vol. in-8, pl. demi-rel. bas.

184. Recueil de 25 catalogues sur la botanique, par MM. J. Lavalle, J.-H. Mussche, T. Puel, etc., in-8, cart. et br.

B. *Description de familles des plantes.*

185. Traité sur les champignons comestibles contenant l'indication des espèces nuisibles; précédé d'une introduction à l'histoire des champignons, par C.-H. Persoon. *Paris, Belin-Leprieur*, 1818, in-8, fig. color. demi-rel. bas.

186. Traité des champignons comestibles suspects et vénéneux, qui croissent dans le bassin sous-pyrénéen, par J.-B. Noulet et A. Dassier. *Paris, Paya*, 1838, in-8, fig. color. demi-rel. dos et coins de mar. bl.

187. Collection de champignons, composée par G.-J. Roubieu. *Paris*, 1839, atlas in-fol. demi-rel. bas.

188. Traité des fougères de l'Amérique, par le R. P. Ch. Plumier. *Paris, Impr. royale*, 1705, in-fol. pl. v. marbr.

189. Du Petit-Thouars. Orchidées africaines. Atlas in-4, pl. color. demi-rel. bas. bl.

190. Étude générale du groupe des Euphorbiacées, par H. Baillon. Atlas. *Paris, V. Masson*, 1858, gr. in-8, cart.

191. Étude générale du groupe des Euphorbiacées, par H. Baillon. *Paris, V. Masson*, 1858, gr. in-8, broché.

192. Mémoire sur la famille des Guttifères, par J.-E. Planchon et J. Triana. *Paris*, *V. Masson*, 1862, in-8, pl. br.

193. Mémoires sur la famille des Légumineuses, par A.-P. de Candolle. *Paris*, *A. Belin*, in-4, pl. br.

194. Synopsis generum Compositarum earumque dispositionis novæ tentamen monographiis multarum capensium interjectis, auctore Chr. Fr. Lessing. *Parisiis*, *Levrault*, 1832, in-8, pl. demi-rel. bas.

195. Icones agrostographiæ Scheuchzeri. Pet. in-fol. cart.

196. Historia Amaranthorum, auctore Carolo Ludovico Willdenow, med. doct. *Turici*, *J. Ziegleri*, 1790, in-fol. pl. color. cart. n. rog.

197. Beitrag zur Kenntniss der natürlichen Familie der Amarantaceen, von Dr von Martius, M.-D.-A. D.-N. *s. l. n. d.*, in-4, cartes, demi-rel. bas.

198. Monographia heliceorum viventium, auctore Ludovico Pfeiffer. *Lipsiæ*, *F. A. Brockhaus*, 1848-1853, 3 vol. in-8, demi-rel. v. gris.

199. Second Mémoire sur le groupe des Céramiées, par J.-E. Duby. *Genève*, 1832, in-4, pl. demi-rel. bas.

200. Monographie des Buxacées et des Stylocérées, par M. H. Baillon. *Paris*, *V. Masson*, 1859, gr. in-8, pl. br.

201. Eryngiorum nec non generis novi Alepideæ historia, auctore F. Delaroche, Genevensi, doctore medico. *Parisiis*, *Déterville*, 1808, in-fol. pl. cart. n. rog.

202. Description des Hydroléacées. — Convolvulaceæ orientales, nempe Indicæ, Napaulenses, etc., par le professeur Choisy. *S. l. n. d.*, 2 part. en 1 vol. in-4, pl. demi-rel. bas.

203. Monographie de la famille des Anonacées, par M.-F. Dunal. *Paris, Treuttel*, 1817, in-4, pl. demi-rel. bas.

204. Histoire naturelle des Quinquinas, ou Monographie du genre Cinchona, suivie d'une description du genre Cascarilla et de quelques autres plantes de la même tribu, par H.-A. Weddell. *Paris, V. Masson*, 1849, gr. in-fol. 34 pl. cart. rog.

205. Des Quinquinas et des questions qui, dans l'état présent de la science et du commerce, s'y rattachent avec le plus d'actualité, par A. Delondre et Bouchardat. *Paris*, *Baillière*, 1854, in-4, 23 pl. color. cart.

206. De la Truffe, traité complet de ce tubercule, par Moynier. *Paris*, *Barba*, 1836, in-8, br.

207. Histoire des conferves d'eau douce. — Monographie des Prêles. — Monographie des Orobanches, par J.-P. Vaucher. *Genève*, *G. Fick*, 1803-1827, 3 vol. in-4, pl. demi-rel. bas.

208. Essai sur l'histoire naturelle des Corallines et d'autres productions marines du même genre, qu'on trouve communément sur les côtes de la Grande-Bretagne et d'Irlande, par G. Ellis. *La Haye, P. de Hondt*, 1756, in-4, pl. demi-rel. bas.

C. *Monographies botaniques* (par ordre alphabétique d'auteurs).

209. Amblard, Andral et Aubin. 3 plaq. in-8, cart.

Recherches sur le développement du Penicillium glaucum. *Paris*, 1843. — Histoire de deux galles végétales. *Paris*, 1856. — Eléments succincts de la langue et des principes de botanique, à l'usage des dames. *Paris*, 1803.

210. Arduini (P.), Lefebure, etc. 12 vol. et plaq. in-4 et in-8, fig. cart. et br.

Petri Arduini, Veronensis, horti publici Patavini custodis, animadversionum botanicarum Specimen. *Patavini*, 1759. — Flores de Paris, genera et species. — Notes sur quelques plantes du midi de l'Espagne, etc.

211. Arrondeau (E.-T.). 3 plaq. in-8 et 1 vol. in-12, cart. et br.

Flore toulousaine. *Toulouse*, 1855. — Monographie du genre Rosa. — Essai sur les conferves des environs de Toulouse. — Statistique végétale du Morbihan.

212. Baillon (H.). 32 br. in-8, pl.

Recueil d'observations botaniques. — Mémoire sur la symétrie florale des Marantées. — Generum novorum quatuor descriptio. — Recherches organogéniques sur la fleur femelle des Conifères. — Mémoire sur le développement du fruit des Morées, etc.

213. Balbis (J.-B.), Ant. Bivona, Brierre, etc. 9 vol. et plaq. in-8, cart.

Supplément à la Flore lyonnaise. *Lyon*, 1835. — Sicularum plantarum centuria prima. *Panormi*, 1806. — Eléments de botanique. *Paris*, 1825. — De la nature de l'ergot des graminées, etc.

214. Barnéoud (F.-M.), Barnes, Bravais, Boubée, etc. 12 plaq. in-8, fig. cart.

Mémoires sur les Renonculacées et les Violariées.—Examen de l'inflorescence des Graminées. — Examen organographique des nectaires. — Recueil des plantes cryptogames de l'Agénais, etc.

215. Béron (P.), H. Bocquillon, Bojer, Éd. Bureau, etc. 16 plaq. in-4 et in-8, fig. cart.

De la Famille des Loganiacées.— Observations sur les genres Oxera et Amethystea. — Planches relatives au genre Gærtnera. — La Vie des plantes. — Monographie de la famille des Plantaginées, etc.

216. Boissier (E.). 20 plaq. in-8, cart. et br.

Plantæ aucherianæ. — Diagnoses plantarum orientalium novarum e familiis thalamifloris.

217. Boreau (A.). 5 pl. in-8, cart.

Programme de la Flore du centre de la France. *Nevers*, 1835. — Notes sur quelques espèces de plantes françaises. *Angers*, 1844. — Sur la Synonymie de deux espèces d'Amaranthes, etc.

218. Boucher (J.-A.-G.). Extrait de la flore d'Abbeville et du département de la Somme. *Paris*, *J.-J. Fuchs*, 1803, in-18, demi-rel. bas.

219. Brondeau (L. de). 3 plaq. in-8, pl. cart.

Observations sur l'Agaricus pilosus de Hudson. *Paris*, 1827. — Description de deux champignons nouveaux. *Paris*, 1824. — Examen microscopique de deux cryptogames de la France. *Bordeaux*, 1851.

220. Brongniart (Adolphe). 7 vol. et plaq. in-4 et in-8, pl. cart. et br.

Énumération des genres de plantes cultivées au Muséum d'histoire naturelle de Paris. *Paris*, 1850. — Note sur le genre Uropedium. — Mémoires sur les glandes nectarifères de l'ovaire dans diverses familles de plantes monocotylédones. — Examen de quelques cas de monstruosités végétales, etc.

221. Cagnat (L.), Cazenave, Cavanilles, etc. 7 plaq. in-fol. et in-4, fig. br.

Note sur la fleur des Narcissus. — Memoria sulle specie e varietà di Crochi della flora Napolitana. — Sur les champignons. — Observations sur le cinquième fascicule de M. l'Héritier, etc.

222. Candolle (Alph. de). 15 plaq. in-8, cart.

Du Mode d'action de la chaleur sur les plantes. — Note sur la famille des Sautalacées. — Etude sur la famille des Cupulifères. — Espèces nouvelles du genre Thesium. — Notice sur la vie et les ouvrages de M. de Martius, etc.

223. Candolle (Alph. de). 6 plaq. in-4, fig. col. cart.

Mémoire sur quelques genres nouveaux de la famille des Bultneriacées. — Mémoire sur la famille des Myrtacées. — Notice sur les plantes rares cultivées dans le jardin de Genève. — Monstruosités végétales.

224. Cap (P.-A.). 4 plaq. in-8, fig. br.

Aphorismes de physiologie végétale et de botanique. *Paris*, 1838.—Structure des végétaux. — Organes élémentaires. — Organes de nutrition, etc.

225. Caruel (Th.), Eug. Caventou, Chabert, Choisy, etc. 14 plaq. in-8, cart. et br.

Prodromo della flora Toscana. — Du Carapa toulouconna. — Sur l'écorce de caïl-cedra du Sénégal. — Plantæ Javanicæ. — Observations sur la flore des environs de Bâle, etc.

226. Chatin (Ad.). 8 plaq. in-8, cart.

Sur l'Anatomie du Vallisneria spiralis. — Études sur l'androcée. — Des cysties. — Notes sur le parasitisme des Rhinanthacées, etc.

227. Chatin (Ad.). 11 plaq. in-4 et in-8, fig. cart. et br.

Mémoire sur le Vallisneria spiralis. *Paris*, 1855. — Études de physiologie végétale. — Excursion botanique en Savoie et en Suisse. — Anatomie des plantes curieuses de l'ordre des orchidées, etc.

228. Clos (Dominique). 6 plaq. in-4 et in-8, cart.

Ébauche de la rhizotaxie. — Étude organographique de la Ficaire. — Notice sur les écrits botaniques de F. Bayle. — Nouvel aperçu sur la théorie de l'inflorescence, etc.

229. Cosson (E.). 2 vol. et plaq. in-8 et in-12, fig. cart. et br.

Observations sur quelques plantes critiques des environs de Paris. *Paris*, 1840. — Flore des environs de Paris (en collaboration avec Germain de Saint-Pierre). *Paris*, 1845. — Itinéraire d'un voyage botanique en Algérie. — Notes sur quelques plantes rares ou nouvelles, etc.

229 *bis*. Decaisne (J.), Durieu de Maisonneuve et Dutrochet. 7 plaq. in-8, cart. et br.

Études sur la famille des Asclépiadées. — Notes sur quelques plantes de la flore de la Gironde. — Observations sur la circulation des fluides chez le Chara fragilis Desvaux, etc.

230. Delile (A.-Raffeneau). 6 plaq. in-4 et in-8, cart.

Centurie de plantes d'Afrique du voyage à Méroé. — De la Colocase des anciens. — Evidence du mode respiratoire des feuilles de Nelumbium. — Description d'un nouveau genre de la famille des Cucurbitacées, etc.

231. Demont, Derbès et N. Doumet. 6 plaq. in-8, fig. cart. et br.

Découverte en matière de botanique. — Description d'une nouvelle espèce de Floridée. — Des bourgeons axillaires multiples dans les dicotylédones, etc.

232. Desvaux (Em.). 3 plaq. in-4 et in-8, fig. cart. et br.

Cyperaceæ et Gramineæ Chilenses.

233. Doumenjou (J.-B.) et Duval-Jouve. 5 plaq. in-4 et in-8, cart.

Voyage botanique de Castres à Marseille. — Supplément aux herborisations sur la montagne Noire. — Etudes sur le pétiole des fougères, etc.

234. Duchartre (P.). 22 plaq. in-8, cart. et br.

Observations sur la Clandestine d'Europe. — Notice sur deux espèces de plantes nouvelles pour la flore de France. — Géographie botanique. — Observations sur l'organogénie de la fleur, etc.

235. Duchartre. 20 plaq. in-4 et in-8, fig. cart. et br.

Observations anatomiques et organogéniques sur la Clandestine d'Europe. *Paris*, 1847. — Note sur le Dioscorea Batatas. — Essai sur le développement des organes floraux. — Mémoire sur lés embryons. — Observations sur les Nyctaginées, etc.

236. Dunal (Félix). 4 plaq. in-4, fig. cart.

Petit Bouquet méditerranéen. — Description du Pinus Salzmanni de la forêt de Saint-Germain-le-Désert. — Sur la Métamorphose de deux Ægilops en Triticum. — Des Effets de la gelée sur les plantes.

237. Fabre (J.-H.), G. Forster, Fries et M. Fribe. 5 plaq. in-8 et in-4, fig. cart.

Recherches sur les tubercules de l'Himantoglossum hirginum. — Description d'une nouvelle espèce de Spartina. — Novæ Criticæ de lichenibus Suecanis. *Lundæ*, 1826. — Florulæ insularum australium Prodromus, etc.

238. Fée (A.-L.-A.). 3 plaq. in-4 et in-8, cart. et br.

Mémoire physiologique et organographique sur la Sensitive et les plantes dites sommeillantes. — Mémoire sur l'ergot du seigle, etc.

239. Fenzl (Eduard). 3 plaq. in-4, fig. cart. et br.

Pugillus plantarum novarum Syriæ. — Darstellung und Erläuterung. — Cyperus Jacquini.

240. Fermond (Ch.). 4 plaq. in-8, cart. et br.

Faits pour servir à l'histoire générale de la fécondation chez les végétaux. — Etudes sur la symétrie considérée dans les trois règnes de la nature, etc.

241. Fournier (Eug.). 4 br. in-8.

De la fécondation dans les phanérogames. — Notes sur le genre Albizzia. — Recherches sur la famille des Crucifères.

242. Gay (J.). 8 plaq. in-8, fig. cart. et br.

Une excursion botanique à l'Aubrac et au Mont-Dore. — Recherches sur la famille des Amaryllidacées. — Eryngiorum novorum vel minus cognitorum Heptas. — Le Chamærops excelsa, etc.

243. Girard (Frédéric de). 4 plaq. in-4 et in-8, fig. cart.

Description de quelques espèces nouvelles de Statice appartenant à la flore de France. — Description d'un genre nouveau de la famille des Plumbaginées, etc.

244. Gmelin (Ph.-Fr.), L.-A. Gosse, etc. 4 plaq. in-8, cart. et br.

Otia botanica. *Tubingæ*, 1760. — Monographie de l'Erythroxylon Coca. — Annales de Flore et de Pomone, etc.

245. Gobley, Grœnland, J.-P. Guépin, etc. 14 plaq. in-4 et in-8, cart. et br.

Note sur l'Holcus setiger. — Sur la Formation et le développement des organes floraux. — Théorie de l'inflorescence. — Note sur l'hydridation des Orchidées, etc.

246. Godron (D.-A.). 14 plaq. in-8, cart.

Observations sur l'inflorescence du genre Silène. — De l'Ægilops triticoides. — Le genre Rubus. — Monographie des Silènes de l'Algérie. — Florula juvenalis. — De la Fécondation des Ægilops par les Triticum, etc.

247. Grateloup (J.) et C. Grenier. 5 plaq. in-8, cart.

Cryptogamie tarbellienne, ou Description succincte des plantes cryptogames. — Monographia de Cerastio. Fragment de voyage botanique dans les Alpes du Dauphiné, etc.

248. Gris (Arthur). 18 plaq. in-4 et in-8, cart. et br.

De l'Action des composés ferrugineux solubles sur la végétation. — Observations sur la fleur des Marantées. — Note sur quelques cas de monstruosité et spécialement sur la rose verte. — Description d'une nouvelle espèce de Cannacée du Brésil, etc.

249. Hamburger (E.), G. Hill, Hügel, etc. 6 plaq. in-4 et in-8, cart. et br.

Symbolæ quædam ad doctrinam de plantarum metamorphosi. — Decade di Alberti curiose ed eleganti piante. *Roma*, 1786. — Enumeratio plantarum Novæ Hollandiæ, etc.

250. Hénon (J.-L.). 9 plaq. in-4 et in-8, cart.

Sur une espèce de Narcisse peu connue. — Note sur la Tulipe œil-de-soleil. — Notice sur l'Oxalide de Deppe. — Notice sur le jardin de la Marine royale à Toulon, etc.

251. Heyer (G.), J. Hill, J. Hooker. 4 plaq. in-8 et in-12, cart. et br.

Le Sommeil des plantes et la Cause du mouvement de la sensitive. — The article Botany. — Mélanges, etc.

252. Hombres-Firmas (le baron d'). 6 plaq. in-8, cart.

Essai sur les Champignons comestibles des Cévennes. — Notice sur les arbres remarquables du département du Gard. — Observations sur les feuilles perforées, et particulièrement sur celles des Citronniers. — Mémoire sur le drainage, etc.

253. Janson, F. Jæger, Alex. Jordan. 7 plaq. in-4 et in-8, cart. et br.

Établissement d'un cabinet et bureau des plantes médicinales à Paris. — Mémoire sur l'Ægilops triticoides. — Archives de Flore, etc.

254. Jaubert (le comte). 6 plaq. in-8, br.

La Botanique à l'Exposition universelle de 1855. — Étude sur l'enseignement de la botanique. — Note sur la Farsetia clypeata, etc.

255. Jussieu (Adrien de). 4 vol. et plaq. in-4, fig. col. br.

Monographie des Malpighiacées. — Mémoire sur les embryons monocotylédonés. — Epistola Caroli a Linné ad Bernardum de Jussieu.

256. Kirschleger (Frédéric). 8 plaq. in-4 et in-8, cart.

Note sur les violettes de la vallée du Rhin. — Notice sur quelques faits de tératologie végétale. — Essai historique de la tératologie végétale, etc.

257. La Billardière, Chr. Lehmann, etc. 10 plaq. in-4, fig. cart.

Fontanesia (diandria monogynia).—Icones plantarum Syriæ variarum. — Explication physique de la direction verticale et naturelle des tiges des plantes, etc.

258. Laterrade, Joh. Lange, H. Loret, etc. 10 plaq. in-8, cart. et br.

Rapport sur une nouvelle espèce d'Agaric. — Genera et species plantarum quæ novæ sunt. - Substitutions de plantes médicales. — L'Herbier de la Lozère, etc.

259. Lebomdre-Delalande (L.-J.), Thém. Lestiboudois, J.-H. Léveillé, etc. 8 vol. et plaq. in-8, cart. et br.

Traité élémentaire de physiologie végétale. — Études sur l'anatomie et la physiologie des végétaux. — Notice sur le genre Hedychium, de la famille des Musacées, etc.

260. Macaire, Eug. Michalet, G. Moretti, etc. 7 plaq. in-8, cart. et br.

On the Direction assumed by plants. — Notice sur quelques plantes du Jura. — Prodromo di una monografia delle specie del genere Morus, etc.

261. Martens (M.). 5 plaq. in-4 et in-8, fig. cart.

Mémoires sur les fougères du Mexique. — Enumeratio synoptica plantarum phanerogamicarum.

262. Meniers (P.), C. Montagne, Cl. Mullet, etc. 10 plaq. in-8, cart. et br.

Cryptogames algériennes. — Détermination d'un herbier. — Instructions sur la manière de récolter les plantes destinées à nos fascicules. — Sur des Raisins envahis par une Cuscute, etc.

263. Mirbel (de). 5 plaq. in-8 et in-4, cart.

Recherches anatomiques sur quelques végétaux monocotylédonés. — Mémoire sur la composition et la structure de plusieurs organismes des plantes. — Notes sur l'embryogénie des Pinus Laricio, etc.

264. Morren (Ed.). 6 vol. et plaq. in-8, fig. color. cart. et br.

Dissertation sur les feuilles vertes et coloriées. — Dodonæa, ou Recueil d'observations de botanique. — Quelques Considérations sur les organes des plantes, etc.

265. Moulins (Charles des). 20 plaq. in-8, cart.

Études organiques sur les Cuscutes. — État de la végétation sur le pic du Midi de Bigorre. — Considérations sur la flore murale. — Note sur les feuilles du Scirpus lacustris, etc.

266. Newman (Ed.), de Noé, W. Nylander, etc. 7 plaq. in-8, fig. br.

A History of british ferns. — Mémoire sur l'Argania. — Expositio synoptica Pyrenocarpeorum. — Flora græca exsiccata, etc.

267. Notaris (J. de) et J.-B. Noullet. 3 plaq. in-4, fig. cart.

Algologiæ maris Ligustici Specimen. — Additions et Corrections à la flore du bassin sous-pyrénéen, etc.

268. Parlatore (Ph.). 10 plaq. in-4 et in-8, fig. cart. et br.

Mémoire sur le papyrus des anciens et sur le papyrus de Sicile. — Lezioni di botanica comparata. — Flora italiana, ossia descrizione delle piante, etc.

269. Payer. 4 plaq. in-8, cart.

Organogénie des familles des Myrtacées, Punicées, etc. — Mémoire sur la tendance des tiges vers la lumière, etc.

270. Pépin, J. Poech, J. Personne, etc. 14 plaq. in-4 et in-8, br.

Note sur la culture et la propagation du Dioscorea japonica. — Enumeratio plantarum hucusque cognitarum insulæ Cypri. — Histoire chimique et naturelle du lupulin, etc.

271. Pfeiffer (Lud.) et Aug. Todaro. 6 plaq. in-8, cart. et br.

Symbolæ ad historiam heliceorum. — Index seminum horti regii botanici Panormitani, etc.

272. Planchon (J.-E.). La Victoria regia au point de vue horticole et botanique. *Gand*, 1850, in-4, pl. color. br.

273. Planchon (J.-E.). Hortus Donatensis. Catalogue des plantes cultivées dans les serres de S. E. le prince A. de Demidoff à San-Donato, près Florence. *Paris*, *Remquet*, 1854-58, in-4, br.

274. Planchon (J.-E.). 12 plaq. in-4 et in-8, cart.

Sur le Développement et les caractères des vrais et des faux arilles. — Études sur les Nymphéacées. — Mémoire sur la famille des Simaroubées. — Description d'un genre nouveau du groupe des thismiées, etc.

275. Prillieux (Ed.) 4 plaq. in-8, cart.

De la Structure anatomique et du mode de végétation du Neottia Nidus-avis. — Observations sur la germination et le développement d'une Orchidée, etc.

276. Puel (le Dr T.). 6 plaq. in-8, cart. et br.

Revue critique de la flore du département du Lot. — Études sur les divisions géographiques de la flore française. — Note sur l'Arenaria Goufeia, etc.

277. Rapin, V. Raulin et l'abbé Revel. 6 plaq. in-8, cart.

Esquisse de l'histoire naturelle des Plantaginées. — Essai d'une division de la France en régions naturelles et botaniques. — Note sur le Fumaria muralis, etc.

278. Reboul (Eug. de), P. de Rouville, L. Rohard, etc. 12 plaq. in-4 et in-8, cart. et br.

Sulla Divisione del genere Tulipa. — Monographie du genre Lolium. — Les Plantes, poëme, etc.

279. Remy (J.). 3 plaq. in-8, cart.

Observations inédites sur les Composés de la flore du Chili. — Excursion botanique à travers les Ardennes françaises, etc.

280. Richard (Achille). 3 plaq. in-4 et in-8, fig. cart. et br.

Mémoire sur la famille des Rubiacées. — Monographie des Orchidées, etc.

281. Saint-Hilaire (Aug. de). 5 plaq. in-8, cart. et br.

Mélanges de botanique. — Revue de la flore du Brésil méridional. — Tableau général de la province de Saint-Paul, etc.

282. Savi (G.). 4 plaq. in-4 et in-8, fig. cart.

Descrizione di una specie di Elæagnus e di varie altre piante. — Continuazione delle richerche sulla fecondazione della Salvinia natans, etc.

283. Savi (Cav.-Gaetano). 4 plaq. in-4 et in-8, cart.

Osservazione sopra alcune specie del genere Origanum. — Osservazioni sugli organi sessuali del genere Stapelia, etc.

284. Schmidt (Ad.), Ad. Sicard, Soyer-Willemet, etc. 7 plaq. in-4 et in-8, fig. cart. et br.

Der Geschlechtsapparat der Stylommatophoren. — Nouvelles Observations sur les Trèfles de la section Chronosemium. — Monographie de la Canne à sucre de la Chine, dite Sorgho à sucre, etc.

285. Seringe (N.-C.). 7 plaq., in-4, fig. cart. et br.

Nouvelle Disposition des familles végétales. — Mémoires sur le fruit des

Géraniacées. — Description, culture et taille des Muriers. — Notice sur quelques nouvelles stations de l'Orobanche vagabonde, etc.

286. Seringe (N.-C.). 12 plaq. in-8, cart.

Bulletin botanique, 9 numéros. — Mélanges botaniques, 3 numéros.

287. Sismonda (Eug.). 4 plaq. in-4, fig. cart. et br.

Prodrome d'une flore tertiaire du Piémont. — Monografia degli echinidi fossili del Piemonte, etc.

288. Soubeiran (Léon). 12 plaq. in-4 et in-8, cart. et br.

Des Applications de la botanique à la pharmacie. — Une Course aux îles d'Houat et d'Hoedic (Morbihan). — Des Plantes à sucre. — Description de l'aquarium du Muséum d'histoire naturelle de Paris, etc.

289. Tenore (M.). 3 plaq. in-8, cart.

Flora Napolitana, ossia descrizione delle piante indigene del regno di Napoli. — Ad Catalogum plantarum horti regii Neapolitani, etc.

290. Thury, Thielens et J. d'Urville. 5 plaq. in-8, cart. et br.

Qu'est-ce que l'espèce en botanique? — Flore des îles Malouines. — Notice sur l'asparagus prostratus, etc.

291. Timbal-Lagrave (Ed.). 10 plaq. in-8, cart.

Observations critiques sur l'herbier de l'abbé Chaix. — Mémoires sur quelques hybrides de la famille des Orchidées. — Notice sur une espèce nouvelle de Campanula, etc.

292. Tineo (V.), L.-R. Tulasne, A. Thouin, etc. 10 plaq. in-4 et in-8, cart. et br.

Plantarum rariorum Siciliæ. — Nouvelles Etudes d'embryogénie végétale. — Floræ Neapolitanæ sylloge. — Herborisations dans la Campine brabançonne et anversoise, etc.

293. Trécul (A.). 14 plaq. in-4 et in-8, cart.

Mémoire sur la formation des feuilles. — Mémoire sur les formations secondaires dans les cellules végétales. — Note sur la formation des perforations que présentent les feuilles, etc.

294. Trévisan (V.-B.-A.). 7 plaq. in-8, cart. et br.

Nomenclator algarum, ou Collection des noms imposés aux plantes de la famille des Algues. — Prospetto della flora Euganea. — Enumeratio stirpium cryptogamicarum, etc.

295. Tristan (le comte de). 4 plaq. in-4, cart.

Recherches sur les réservoirs des canaux laticifères. — Nature des tissus végétaux, etc.

296. Vaillant (Sébast.), A.-D. Viviani. 2 plaq. in-4, fig. cart.

Discours sur la structure des fleurs et l'établissement de trois nouveaux genres de plantes. *Leide*, 1717. — Floræ Italicæ fragmenta, seu plantæ rariores.

297. Visiani (Rob. de), Vilmorin, W.-H. de Vriesse. 5 plaq. in-4 et in-8, fig. br.

L' Orto botanico di Padova. — Mémoire sur le Camphrier de Sumatra et de Bornéo. — Notices sur l'amélioration des plantes par le semis, etc.

298. Webb (P.-B.). 6 plaq. in-8, cart. et br.

Observations sur le groupe des Ulicinées. — Fragmenta florulæ Æthiopico-Ægyptiacæ. — Observations sur le Tamarix gallica de Linné, etc.

299. Weddell (H.-A.). 9 plaq. in-4 et in-8, cart. et br.

Additions à la flore de l'Amérique du Sud. — Coup d'œil sur la flore de Plombières. — Mémoire sur le Cynomorium coccineum. — Revue de la famille des Urticées, etc.

300. Ward (N.-B.), Al. Wigand, M. Willkomm, etc. 9 plaq. in-8, cart. et br.

On the growth of plants in closely glazed cases. — Enumeratio plantarum novarum et rariorum. — Grundlegung der Pflanzen-Teratalogie, etc.

4. MÉDECINE.

301. Dictionnaire de médecine, par Adelon, Béclard, Lagneau, Rullier, etc., etc. *Paris*, *Béchet (J.)*, 1821-28, 21 vol. in-8, demi-rel. bas.

302. Les Commentaires de M.-P.-André Matthiolus, médecin senois, sur les six livres de Pedacius Dioscoride Anazarbéen : de la matière médicinale, traduit du latin en françois par A. du Pinet. *Lyon*, *Cl. Rigaud*, 1627, in-fol. fig. bas.

303. Dissertatio medica de naturali secretione bilis in jecore. *Monspelii*, 1719. — Réponse à M. Procope Couteaux sur la prétendue analyse du système de la trituration, par M. Ph.-B. de Bordegaraye. *Paris*, *Fr. Fournier*, 1713. — Dissertation sur la nourriture des os, par M. L. Lemery. *Paris*,

P. Witte, 1704. — Éclaircissement sur le livre de la Génération des vers dans le corps de l'homme. *Paris, L. d'Houry*, 1704. — Observations sur la peste qui règne à présent à Marseille. *Lyon, Laurens*, 1721, in-12, parch.

304. Opuscules d'anatomie et d'histoire naturelle, par G.-J. Roubieu. *Montpellier, impr. de Tournel*, 1816, in-8, fig. demi-rel. bas.

305. Mémoire sur les plis cérébraux de l'homme et des primates, par P. Gratiolet. *Paris, A. Bertrand*, atlas gr. in-fol. br.

306. Anatomie comparée, par M. Serres. Atlas in-fol. en ff.

307. De l'Organisation des animaux, ou Principes d'anatomie comparée, par Ducrotay de Blainville. *Paris, Levrault*, 1822, in-8, demi-rel. bas.

308. Éléments d'histologie humaine, par A. Kölliker, traduit par MM. Béclard et Sée. *Paris, V. Masson*, 1856, in-8, fig. dans le texte, br.

309. Éléments de physiologie de l'homme et des principaux vertébrés, par le docteur Béraud. *Paris, G. Baillière*, 1856-57, 2 vol. in-12, br.

310. Nouvelle Méchanique des mouvements de l'homme et des animaux, par J. Barthiez. *Carcassonne, P. Polère*, 1798, in-4, demi-rel. bas.

311. Principes de mécanique animale, ou Étude de la locomotion chez l'homme et les animaux vertébrés, par F. Giraud-Teulon. *Paris, J.-B. Baillière*, 1858, in-8, fig. dans le texte, br.

312. Opera di anatomia pittorica di Costantino Squanquerillo. *Roma*, 1839, in-fol. pl. br.

Fasc. 1 et 2, seuls publiés.

313. Leçons élémentaires d'anatomie et de physiologie humaine et comparée, par le docteur Auzoux. *Paris, Labé*, 1858, in-8, fig. br.

314. Traité élémentaire de pathologie interne, par MM. Hardy et Béhier. *Paris*, *Labé*, 1846-53, 3 vol. in-8, br.

315. Traité élémentaire et pratique de pathologie interne, par A. Grisolle. *Paris*, *V. Masson*, 1852, 2 vol. in-8, br.

316. Études sur le système nerveux, par Jobert (de Lamballe). *Paris*, *A. Devénois*, 1838, 2 tom. en 1 vol. in-8, demi-rel. bas. v.

317. Traité expérimental et clinique d'auscultation appliqué à l'étude des maladies du poumon et du cœur, par le docteur J.-A.-S. Beau. *Paris*, *J.-B. Baillière*, 1856, in-8, br.

318. Mémoire sur la maladie épidémique qui a régné à Meyrueis et ses environs. *Montpellier*, 1769, in-8, mar. v. tr. dor.

319. Documents statistiques et administratifs concernant l'épidémie de choléra de 1854, comparée aux précédentes épidémies cholériques qui ont sévi en France. *Paris, Impr. impériale*, 1862, in-4, br.

320. Recueil de 72 pièces sur la médecine, par MM. E. Bouchut, V. Duval, baron Larrey, C. Sappey, etc. In-8 et in-12, br.

321. Recueil de 80 pièces sur la médecine, par MM. J. Béclard, P.-Ant. Cap, Al. Estor, L.-Ant. de Montesquiou, J. Roux, etc. In-8, br.

322. Recueil de 40 pièces sur la médecine, par MM. L. Doyère, Guyon, P.-T. Hogg, baron Larrey, etc. In-4 et gr. in-8, br.

323. Recueil de 68 thèses sur la médecine. 1857-1862, in-4, br.

324. De la Médecine en France et en Italie, administration, pratique, par le docteur H. Combes. *Paris*, *J.-B. Baillière*, 1842, in-8, demi-rel. bas.

325. Plaies d'armes à feu, mémoire sur la cautérisation et description d'un spéculum à bascule, par Jobert (de Lamballe). *Paris*, *Béchet*, 1833, in-8, pl. demi-rel. mar. n.

326. Mémoire sur les monstruosités dites par inclusions, et sur quelques autres espèces qui sont produites dans des conditions semblables, par E. le Sauvage. *Caen*, *impr. de Poisson*, 1829, in-8, pl. demi-rel. bas.

327. Traité de chirurgie plastique, par A.-J. Jobert (de Lamballe). *Paris*, *Baillière*, 1849, 2 vol. in-8 et atlas de 18 planches gravées et coloriées in-fol. cart.

328. Traité des fractures et des luxations, par J.-F. Malgaigne. *Paris*, *J.-B. Baillière*, 1847-55, 2 vol. in-8, br. atlas in-fol. de 30 planches.

329. Traité d'anatomie chirurgicale, par J.-F. Jarjavay. *Paris*, *Labé*, 1852-54, 3 vol. in-8, br.

330. Tribut à la chirurgie, ou Mémoires sur divers sujets de cette science, par E.-F. Bouisson. *Paris*, *Baillière*, 1858-1861, 2 vol. in-4, pl. br.

331. Traité théorique et pratique des maladies chirurgicales du canal intestinal, par A. Jobert (de Lamballe). *Paris*, *Auger-Méquignon*, 1829, 2 vol. in-8, br.

332. Rapport adressé à Monsieur le délégué du gouvernement provisoire sur les traitements orthopédiques de M. le docteur J. Guérin, à l'hôpital des enfants, pendant les années 1843-44-45, par une commission composée de MM. Blandin, P. Dubois, etc. *Paris*, 1848, in-4, cart. toile.

333. Traité pratique d'hygiène industrielle et administrative, par le docteur Maxime Vernois. *Paris*, *J.-B. Baillière*, 1860, 2 vol. in-8, br.

334. De l'Irritation et de la Folie, par F.-J.-V. Broussais; publié par son fils C. Broussais. *Paris*, *J.-B. Baillière*, 1839, 2 vol. in-8, br.

335. Traité de toxicologie médicale, chimique et légale, et de la falsification des aliments, boissons, condiments, par Galtier. *Paris, Chamerot*, 1855, 2 vol. in-8, br.

336. Manuel de matière médicale, de thérapeutique et de pharmacie, par Bouchardat. *Paris, G. Baillière*, 1856-57, 2 vol. in-12, br.

337. Traité de matière médicale et des indications thérapeutiques des médicaments, par Galtier. *Paris*, *Lucas*, 1839, 2 vol. in-8, br.

338. Vegetable Materia medica of the United States or medical botany, by William P. C. Barton. *Philadelphia*, 1818-22, tom. II, III et IV, in-4, fig. col. demi-rel. bas.

339. Traité de pharmacie théorique et pratique, par E. Soubeyran. *Paris*, *V. Masson*, 1857, 2 vol. in-8, fig. br.

340. Recueil de 30 pièces sur les eaux minérales, par MM. H. Castillon, L. Deleau, E. Filhol, Patissier, etc. In-8 et in-12, br.

5. PHYSIQUE, CHIMIE.

341. Mémoires de physique et de chimie de la Société d'Arcueil. *Paris*, *J.-J. Bernard*, 1807-17, 3 vol. in-8, fig. demi-rel. bas.

342. Guide de l'analyse chimique et tableaux d'analyse qualitative, par le docteur H. Will, traduit par J. Risler. *Paris, Labé*, 1858, in-8, br.

343. Recherches sur les quantités de chaleur dégagées dans les actions chimiques et moléculaires, par Favre et Silbermann. *Paris*, *Bachelier*, 1853, in-8, pl. br.

344. Chimie appliquée à la physiologie et à la thérapeutique, par le docteur Mialhe. *Paris, V. Masson*, 1856, in-8, br.

HISTOIRE, ARCHÉOLOGIE, BIOGRAPHIE.

345. Roteiro da viagem de Vasco da Gama em MCCCCXCVII, por A. Herculano e o barão do Castello de Paiva. *Lisboa, Impr. nacional*, 1861, in-8, portr. et carte, demi-rel. v. r.

346. Voyage à la Nouvelle-Guinée, par Sonnerat. *Paris, Ruault*, 1776, in-4, fig. v. marbr. fil.

347. France pittoresque, ou Description pittoresque, topographique et statistique des départements et colonies de la France, par A. Hugo. *Paris, Delloye*, 1835, 3 vol. in-4, fig. et cartes, demi-rel. bas.

348. Statistique générale des départements pyrénéens, ou des provinces de Guienne et de Languedoc, par A. du Mége (de la Haye). *Paris, Treuttel*, 1828, 2 vol. in-8, demi-rel. bas.

349. Description géographique et historique de l'isle de Corse, pour joindre aux cartes et plans de cette isle, par le sieur Bellin. *Paris, imprim. Didot*, 1796, 2 vol. in-4, v. m. dont 1 d'atlas.

350. Recherches historiques et statistiques sur la Corse, par M. F. Robiquet. Tableaux et planches. *Paris*, 1835, gr. in-8, br. et in-fol. br.

351. Catesby. Die Beschreibung der Carolina, Florida, etc., übersetzt von Huth. *Nürnberg*, 1749, 2 vol. in-fol. fig. col. v. marbr. fil. tr. dor.

352. Congrès archéologique de France. Séances générales tenues à Moulins par la Société française pour la conservation des monuments historiques. *Paris, Derache*, 1855-60, tom. XVIII à XXIII, 6 vol. in-8, br.

353. Mémoires de la Société archéologique du midi de la France. *Toulouse, impr. de Lavergne*, 1834,

années 1832 à 1841, avec atlas, 8 vol. in-4, fig. demi-rel. bas.

On y a joint plusieurs lettres autographes.

354. Mémoires de la Société archéologique de Montpellier. *Montpellier, imp. Jean Martel*, 1840, 2 vol. in-4, pl. demi-rel. bas. bl.

356. Alexandre du Mége. Voyage littéraire et archéologique dans le département de Tarn-et-Garonne. *Paris, Treuttel*, 1828. — Notice des monuments antiques et des objets de sculpture moderne conservés dans le musée de Toulouse. 1828. — Description du Musée des antiques. *Paris, Levrault*, 1835, 3 pièces en 1 vol. in-8, demi-rel.

357. Archéologie pyrénéenne. Antiquités religieuses, etc., par Alexandre du Mége. *Toulouse, Delboy*, 1858-60, in-8, br.

Tome Ier : 1re et 2e parties; tome II : 1re et 2e parties.

358. Notice sur une pierre tombale conservée en l'église Notre-Dame de la Ville-au-Bois, par J.-A. Bourguignat. *Bar-sur-Aube, Jardeaux-Ray*, 1855, in-4, titre en or et en couleur, br.

Tiré à cent exemplaires.

360. Recueil de 38 pièces sur l'archéologie, par MM. Aug. d'Aldéguier, A. Lagrèze-Fossat, Reinaud, Pierquin de Gembloux, etc. In-4 et in-8, fig. br.

361. Biographie universelle (Michaud), ancienne et moderne, ou Histoire, par ordre alphabétique, de la vie publique et privée de tous les hommes qui se sont fait remarquer par leurs écrits, leurs actions, etc., publiée sous la direction de M. Michaud. *Paris, Desplaces*, 1854, 44 vol. gr. in-8, brochés.

362. Éloges lus dans les séances publiques de l'Académie royale de chirurgie, de 1750 à 1792, par A. Louis. *Paris, J.-B. Baillière*, 1859, in-8, br.

364. Recueil de 27 éloges historiques de MM. de Candolle, Delille, de Grateloup, J.-F. Laterrade, Roux, Thénard, etc. In-4 et in-8, br.

365. Recueil de 70 notices sur les travaux scientifiques de MM. A. Bravais, Ad. Chatin, Er. Cosson, Delesse, P. Duchartre, J. Guérin, A. Masson, Ch. Robin, etc. In-4 et in-8, br.

366. Recueil de 80 notices biographiques sur MM. A. Bernard, Er. Cloquet, P.-A. Cap, J. Dombey, de Guibert, Ed. Morren, J.-J. Rousseau, N.-C. Seringe, etc. In-8, br.

367. Recueil d'autographes, de pièces manuscrites et autres.

FIN DE LA PREMIÈRE PARTIE.

SECONDE PARTIE

PATOIS FRANÇAIS.

I. PATOIS FRANÇAIS DE LA LANGUE D'OIL.

368. Recueil d'actes des XIIe et XIIIe siècles en langue romane-wallonne du nord de la France, publié avec une introduction et des notes, par Tailliar. *Douai, impr. A. d'Aubers*, 1849, in-8, br.

369. Recueil de chansons de différents auteurs. *Lille*, 1861-62, 11 pièces in-12, br.

370. Decottignies (Ch.). Recueil de chansons. *Lille, s. d.*, 19 pièces in-12, br.

371. Almanach lillois. Chansonnier, par L. Debuire (du Buc). *Lille*, 1859-61. 3. broch. in-12.

372. Desrousseaux. Recueil de chansons. *Lille*, 1849-61, 6 pièces in-12, br.

373. Analyse de li Romans de Raoul de Cambrai et de Bernier, publiée par Edw. Le Glay. *Lille*, 1849, in-8, br.

374. Chansons. OEuvres complètes de Debuire du Buc, chansonnier lillois, membre du Caveau. *Lille*, 1861, 2 vol. in-12, fig.

375. Dictionnaire du patois de Lille, par M. Pierre Legrand. *Lille, Vanackere*, 1856, in-12, br.

376. Chansons et pasquilles lilloises, par Desrousseaux. *Lille, Cufay-Petitot*, 1854, in-12, portr. broch.

377. Chansons et pasquilles lilloises, par Desrousseaux. *Lille, Cufay-Petitot*, 1856-59, 3 vol. in-12, portr. br.

378. Les Lilloises, chansons, par L. Debuire dit du Buc. *Lille*, 1856, 4 part. en 1 vol. in-18, demi-rel. bas. r.

379. Étrennes tourquennoises et lilloises, ou Recueil de chansons facétieuses et plaisantes, par de Cottignies, dit Brule-Maison. *Tourcoing, s. d.*, in-32, fig. br.

380. Fantaisies drolatiques et burlesques, par A. Denis. *Wazemmes*, 1850, in-32, fig. br.

381. Essais de littérature montoise, contenant quelques fables de la Fontaine, etc. *Valenciennes, s. d.*, in-8, br.

382. L'z' Épistoles kaimberlottes, d' Jérôme Pleumecoq, dit Ch' Fissiau. *Cambrai*, 1839. — L'Arména du même, pou l'ain quarainte. *Cambrai*, 1840. — Le Bon Cambrésien, almanach de tout le monde pour 1854. *Cambrai*, 3 vol. in-18, broch.

383. Souv'nirs d'un homme d' Douai de l' paroisse des wios Saint-Albin, par L. Dechristi. *Douai*, 1861, in-12, fig. br.

384. Douai et Lille au XIII siècle, par H.-R. Duthillœul. *Douai, Adam d' Aubers*, 1850, in-4, br.

385. Dictionnaire rouchi-français, par G.-A.-J. Hécart. *Valenciennes, Lemaître*, 1834, in-8, br.

386. Scènes populaires montoises, calligraphiées par Anatole-Oscar Prud'homme. *Mons, Hoyois, s. d.*, in-8, br. — Essais de littérature montoise. *Mons*, 1843-48, 2 br. in-8.

387. Dés cont' dé quiés, tiens! pa Titiss' Ladéroutte, dit Louftogni. *Mons*, *Hoyois*, *s. d.*, in-18, br. — L'Ervue d' Mons, ou les Contes in patois montois. *Mons*, *Duquesne*, 1861, in-12, br.

388. Armonaques de Mons, années 1847, 1849, 1859, 1851, 1861. *Mons*, *Masquillier*, 4 vol. in-18, br.

389. L' Courier d' Mons. Armonal ein plat patois montois, années 1859, 1861, 1862. *Mons*, *Lévert*, 3 vol. in-18, br.

390. Histoire véritable de Vernier, maître tripier du Champi, notable, et désigné pour échevin de la paroisse Saint-Eucaire, dialogue patois messin et français à cinq personnages. *Metz*, *Lorette*, 1844, in-8 de 28 pag. pap. de Holl. br.

391. Les Passe-temps lorrains, ou Récréations villageoises, par Jaclot de Saulny. *Metz*, *Lorette*, 1854, in-12, br. — Le Lorrain peint par lui-même, almanach pour l'année 1854. *Metz*, *Lorette*, 1854, in-12, br.

392. La Grosse Enawaraye messine, ou Devis amoureux. *Paris*, *Techener*, *s. d.*, in-8 de 34 pag. br. — Lo Nieu de jeument, conte de Fauchoux, requiet aivau les prés, par M. A. de la Fizelière. *Paris*, *F. Didot*, 1857, in-8 de 8 pag. br.

393. Les Bucaliques messines, pièces queuriouses dou tems pessé, dou tems preusent, per D. M***. *Metz*, *Verronnais*, 1829, in-8, cart.

394. Les Bruilles, poëme patois messin. *S. l. n. d.*, in-12, n. rel.

395. Chant Heurlin, ou les Fiançailles de Fanchon, poëme patois messin en sept chants, par Broudex et Mory, de Metz, publié par M. G***. *Metz*, *veuve Devilly*, 1841, in-8, br.

396. L'Echainge aou los conseilliés de village, coumédie à daoux actes et en patois meusien, par F. S. C. (L.-B.). *S. l. n. d.*, in-8, br.

397. Dissertation sur la langue française, les patois, et plus particulièrement le patois de la Meuse, par F.-S. Cordier. *Bar-le-Duc*, 1843, in-8, br.

398. Recueil de noëls anciens, en patois de Besançon, par M. Fr. Gauthier. *Besançon*, *Couché*, 1804, in-8, demi-rel.

399. Dialogue entre M. Jaiquemar, sai fanne et son garçon, trôtô soneu de l'église N.-D. de Dijon, au seujet des incendie qui son arrivai ce jor darei, et de ceu dont on menaice aug' d' heu lai rue du Bor et autre leu, par M. Regreb. *Dijon*, *Benoist*, 1846, in-18 de 24 pag. br.

400. Ein Barôzai de lai rue Sain-Felibar es Barôzai ses aimins su les aifaire du tan. *Dijon*, 1845, in-12, cart.

401. Virgille virai an Borguignon. Choix des plus beaux livres de l'Enéide, suivis d'épisodes tirés des autres livres, avec sommaires et notes, publiés par C.-N. Amanton. *Dijon*, *Frantin*, 1831, in-18, br.

402. L'Evaireman de lai peste, poëme bourguignon sur les moyens de se préserver des maladies contagieuses, par Aimé Piron. *Châtillon-sur-Seine*, *Cornillac*, 1832, in-8 de 50 pag. n. rel.

403. Noei borguignon, de Gui Barôzai. *Dioni*, *Abran Lyron de Modene*, 1720, in-12, v. marbr.

404. Noei borguignon, de Gui Barôzai. *Ai Dioni*, *Abran Lyron de Modene*, 1720, in-12, bas.

405. Les Constitutions, le roi de France, lesquels l'on doit garder en la Meson Dieu de Vernon, publiées d'après le manuscrit original, par M. Adolphe de Bouis. *Evreux*, *s*, *d*., in-8. br.

406. Lois des bourgs et villages du nord de la France de 1201 à 1250, par M. E. Tailliar. *Caen*, *A. Hardel*, 1859, in-8, br.

407. Nouvelles Observations sur Roland et sur la chanson de Roncevaux, par Eug. Baret. *Angers*, 1854, in-8 de 34 pag. cart. — René Tardif, poëte angevin (xve siècle), par Célestin Port. *Angers*, 1855, in-8 de 10 pag. br.

408. Les Troubadours de Pétrarque, thèse présentée à la Faculté des lettres de Paris, par Ch.-Ant. Gidel. *Angers*, *impr. de Cosnier*, 1857, in-8, broch.

409. Les OEuvres poétiques en patois percheron de Pierre Genty, maréchal-ferrant (1770-1821), précédées d'un essai sur la parenté des langues, par Ach. Genty. *Paris, A. Aubry*, in-12, portr. photogr. br.

410. Vocabulaire nouveau, ou Dialogues français et bretons. *Vannes*, *Galles*, in-12, cart.

411. Vocabulaire nouveau, ou Dialogues français et bretons. *Vannes*, *Galles*, 1846, in-12, cart.

412. Proverbes agricoles du sud-ouest de la France, par Anacharsis Combes. *Paris, s. d.*, in-8 de 70 pag. cart.

413. Les Amours de Collas, comédie du xviie siècle en vers poitevins. *Paris*, *Techener*, 1843, in-8, cart.

414. Beilladegou tud divar ar Meaz de conferançou var ar feconniou nevez da Labourat an Douar. *Montroulez*, *Lidan*, 1835, in-12, br.

415. Notice sur l'histoire du Berry de M. Raynal, par M. le comte Jaubert. *Paris*, 1855, br. in-8.

416. Vocabulaire du Berry, par un amateur du vieux langage. Préface de la deuxième édition, lue dans la séance de la Société de l'Indre tenue le 1er mai 1854. *Paris*, 1854, in-8, cart.

2. PATOIS ROMANS DE LA LANGUE D'OC.

417. Histoire littéraire, philologique et bibliographique des patois, par Pierquin de Gembloux. *Paris*, *Techener*, 1841, in-8, demi-rel. bas.

418. Histoire littéraire, philologique et bibliographique des patois et de l'utilité de leur étude, par Pierquin de Gembloux. *Paris, Aubry*, 1858, in-8, broché.

419. Remarques sur les patois, suivies d'un vocabulaire latin-français inédit du XIVe siècle, par Escalier. *Douai*, *Wartelle*, 1856, gr. in-8, br.

420. Recherches sur les épopées romanesques des Troubadours, par M. Raynouard. *Paris*, in-8, de 20 p. demi-rel.

421. Grammaire comparée des langues de l'Europe latine, dans leurs rapports avec la langue des Troubadours, par Raynouard. *Paris, impr. de F. Didot*, 1821, in-8, demi-rel. bas.

422. Le Roman en vers, de très-excellent, puissant et noble homme Girart de Rossillon, jadis duc de Bourgoigne, publié pour la première fois d'après les manuscrits de Paris, de Sens et de Troyes, suivi de l'histoire des premiers temps féodaux, par Mignard. *Paris*, *Techener*, 1858, gr. in-8, 9 dessins dont six chromolithographies, br.

423. Le Parnasse occitanien, ou choix de poésies originales des Troubadours, tirées des manuscrits nationaux. *Toulouse*, *Benichet cadet*, 1819, in-8, demi-rel. dos et coins de v. ant. tête dor. n. rog.

424. De l'État de la poésie française dans les XIIe et XIIIe siècles, par B. de Roquefort-Flaméricourt. *Paris*, *Fournier*, 1815, in-8, demi-rel. bas.

425. Essai sur l'histoire littéraire des patois du midi de la France aux XVIe et XVIIe siècles, par le Dr J.-B. Noullet. *Paris*, *Techener*, 1859, in-8, br.

426. Glossaire du centre de la France, par le comte Jaubert. *Paris*, *N. Chaix*, 2 vol. gr. in-8, br.

427. Recueil de poésies en patois de différents pays, 38 pièces, in-8, br.

428. Julito et Pierrou, ou lou comi mal espeirat del Moriatge, par J. Fromen. *Espalion*, 1840, in-12, demi-rel. — Souvenir de mil huit cent quarante-cinq à Sainte-Geneviève (Aveyron), par le même. *Espalion*, 1846, in-12, demi-rel.

429. Chansons républicaines, par Rozie de Sauveterre (Aveyron), 1851 (*Manuscrit*). 2 pièce, in-fol. et in-8, cart. et br.

430. Noels nouveaux en françois et en auvergnat. *Clermont-Ferrand*, *Delgros*, *s. d.*, pet. in-12, cart.

431. Recueil de poésies. La Paysade, ou les Mulets blancs, par Ravel. *Clermont-Ferrand*, 1838. — L'Improvisateur du grenier poétique. *Clermont*, 1840. — O. M. Eloi Chapsal, par Veyre. *S. l.*, 1843. — Nouveaux vers patois, par Brayat de Boisset. *Aurillac*, *s. d.* — Poésies aveyronnaises, par M. Adrien de Seguret. *Rodez*, 1844. — O l'ouccasion de l'ottentat del 14 joubier. *S. l.*, 1858, 6 pièces in-8 et 12 cart.

432. Recueil de petits opuscules en patois auvergnat, par M. Roy. *Clermont-Ferrand*, 1837, in-18, cart.

433. Sentence de Guillaume d'Achillosas, bailli des montagnes d'Auvergne, entre M. l'abbé et les consuls d'Aurillac, dite deuxième paix du 9e jour avant la fin d'août 1298. *Aurillac*, 1841, in-8, demi-rel.

434. Quelques Fables choisies de la Fontaine, mises en vers patois limousins, par J. Foucaud. *Limoges*, *J.-B. Bargeas*, 1809, 2 t. en 1 vol. in-12, demi-rel.

435. Poésies en patois limousin. OEuvres complètes de J. Foucaud, F. Richard et autres. *Limoges, Marmignon*, 1856, 2 vol. in-12, br.

436. De quelques Imitations patoises des fables de la Fontaine, par E. Ruben. *Limoges*, 1861, in-8, broché.

437. Poésies de limouzin. Lamottes. In-8, cart.
Manuscrit.

438. Recueil de poésies patoises et françaises de F. Richard, prêtre, ex-principal du collége d'Eymoutiers, etc., et choix de pièces patoises de divers auteurs limousins. *Limoges, Chapoulaud*, 2 vol. in-12, demi-rel. bas.

439. Préface volante de l'appendix Monardieu, ou la Dette de reconnoissance payée en vers très-familiers, par le Troubadour des Alpes. *Pont-Saint-Esprit*, 1861, in-18, br.

440. Chansons en patois de Grenoble. — De l'Origine et de la formation des dialectes vulgaires du Dauphiné, par J. Ollivier. — Bibliographie des patois du Dauphiné, par P. Colomb de Batines. *Grenoble*, 1835.— La Bernarda Buyaudiri. *Paris*, 1840, 4 pièces in-8, cart.

441. Dictionnaire gascon-français, dialecte du département du Gers, suivi d'un abrégé de grammaire gasconne, par Cénac-Moncaut. *Paris, Dumoulin*, 1863, in-8, br.

442. Dialecte bordelais, essai grammatical, par M. l'abbé Cauderau. *Paris*, *Aubry*, 1861, in-8, br.

443. Glossaire du patois rochelais. *Paris*, 1861. — Essai sur l'histoire de la littérature catalane, par Camboulin. *Paris*, 1857. — Epître au docteur Alfred G*** sur l'espérance. *Bordeaux*, 1811. — Glossaire du centre de la France, par le comte Jaubert. *Paris, s. d.* — Documents inédits sur la peste de 1348, par J. Michon. *Paris*, 1860. —

Leçons de toxicologie, par M. Orfila. *Paris*, 1858. 9 pièces in-4 et in-8, cart. et br.

444. Recueil de poésies : La Mort de Mariote, ou Bernat Beugi. *Bordeaux, s. d.* — Catastrophe affruse arribade a mestre Bernat, ou sa séparation dans Mariotte. *Bordeaux, s. d.* — Abanture comique de meste Bernat, ou Guillaoumet de retour dens sous fougueys. *Bordeaux, s. d.* — L'Arribade de Guillaoumet dens lous enfers. *Bordeaux, s. d.* — Bertoumiou a Bourdeou, ou lou peysan Dupat. *Bordeaux, s. d.* — Relation deu siége de Laictoure, lou 7 dabriou, neit deu dix jaux saut 1649. *Bordeaux*, 6 pièces, in-8, cart.

445. Verdie. Cadichoune et Mayau, ou les Doyennes des fortes en gules daou Margat, dialogue recardey en patois bourdelés. *Bordeaux, s. d.*, in-8, de 8 pag. cart. — 1° Lou sabat daou Medoc; 2° Antony lou Dousaney, ou la rebue des Champs Elyséyes de Bourdeou ; 3° Cadichoune é Mayan ; 4° Le Procès de Carnaval, ou les Masques en insurrection. *Bordeaux, s. d.*, in-8 de 16 pag. cart.

446. Usages et chansons populaires de l'ancien bazadais, baptêmes, noces, moissons, enterrements, par A. Lamarque de Plaisance. *Bordeaux, impr. de Balarac*, 1849, in-8, cart.

447. Lettre à M. de *** sur les ouvrages écrits en patois (par Gust. Brunet). *Bordeaux*, 1839, in-8, de 68 pag. cart.

Avec une lettre autographe de l'auteur.

448. Fables causides de la Fontaine en bers gascouns. *Bayoune, imprimerie P. Fauvet Duhard*, 1776, in-8, fig. v. marb.

449. Fablos causidos de Jean la Fontaino, tremudados en berses gascouns, par M. Bergeyret lou nebout. *Paris, Michaud*, 1816, in-12, demi-rel. bas. n. rog.

450. Les Olympiennes de Benazet. *Auch, J. Foix*, 1844, in-8, cart.

451. Lous Malhurs d'embaqués piço en quatre paousos, par J. Loubet. *Aouch*, 1843. — Extrait d'une petite poésie intitulée : La Fête du roi Louis XVIII et de notre bon voisin le vicomte de Luppé, par M. le vicomte de Montlaur (manuscrit). — Chants des quinse dixaines, etc., par le même (manuscrit) et portr. — A. d'Etigny, intendant en Nabarro, Bearn, par Loubet. *Auch, s. d.*, 4 pièces, in-8, cart.

452. Bersis gascons a launou de las gens de Laitoure, l'an 1742, pet. in-4, demi-rel.

Manuscrit.

453. Dictionnaire languedocien-français, par L.-D.-S. *Nismes, Gaude*, 1785, 2 t. en 1 vol. in-8, bas.

454. Dictionnaire languedocien-français, par M. l'abbé de Sauvages. *Alais, imp. Martin*, 1820-21, 2 vol. in-8, demi-rel. v. ant.

455. Odes d'Anacréon, traduites en vers languedociens, par M. Aubanel. *Nismes, Claude*, 1814, in-12 demi-rel.

456. Las Espigos de la lengo moundino. Poésies languedociennes, par Louis Vestrepain. *Toulouse, Delboy*, 1860, in-8, fig. br.

457. Ma Museto (ma Musette). Poésies languedociennes, texte et traduction, par M. Marcel Ceren. *Toulouse, Labouisse-Rochefort*, 1847, in-8, demi-rel. bas. n. rog.

458. Rosos et Pimpanélos, poésies languedociennes, par M. Lucien Mengaud. *Toulouse, Labouisse-Rochefort*, 1845, in-8, demi-rel. v. bl. n. rog.

459. Lé Repaïch campestré, ou l'empouisonnoment dal barréou de Carcassonno, pouémo comiqué, par J.-D. Dégraud. *Carcassonne, Labau, s. d.* —

Elotche dé las sors dé la cacitat, per J. D. *S. l. n. d.* — La Souerados de J. D. *Carcassonne, Labau, s. d.* — Hymni dal jour de l'Assomption de la Santo Bierjo. *Carcassonne, s. d.* in-8, et in-12, cart.

460. Recueil de divers chants d'église en vers patois, par M. Nérie, curé d'Alzoune. *Carcassonne, Labau,* 1822, in-12, demi-rel.

461. Recueil contenant les proses et hymnes des heures de Carcassonne, en vers patois et avec les mêmes airs du latin. *Carcassonne, Gardel. Teissii, s. d.* in-12. v. gr.

462. Noués de J.-C., R. de S.-P. diouceso de Carcassonno, 1810. in-12, cart.

463. Les Pouésios bariados di Daveau. *Carcassonne, Labau,* 1841. — Le Passachi di la mar Roujo, par le même. *Carcassonne, s. d.*— Pouémo en l'hounou de l'inauguration de la statuo de P. P. Riquet, par le même. *Carcassonno, s. d.* — Epitro familliero, adressado à M. Moquin Tandon, al suchet de la couméto et das causis de fer. *Toulouse,* 1857 (manuscrit), 4 pièces in-4 et in-8, cart.

464. Jasmin. Recueil. L'Abuglo de Castel-Cuillé. *Agen,* 1836. — Plan du poème de Françonnette (*manuscrit*). Maltro l'innoucento. *Agen,* 1845. — Ma Bigno... et autres poésies de divers auteurs. *Agen,* 1846. — Lous dus frays Bessous. *Agen,* 1847. — Jasmin à Londres. *S. l. n. d.* — Jasmin, par de Lalis, 1840. — Epître à Jasmin, in-4, in-8, et in-18, cart.

465. Les Papillotos de Jacques Jasmin. *Paris, F. Didot,* 1860, in-12. portr. br.

466. Jasmin. Recueil de poésies. Lou Troubadour gascon, 1842. — L'Espagno, 1842. — Franconnetto, 1842. — Les Papillotes, 1843. — Maltro l'innoucento, 1845. — Lous dus frays bessous.

Toulouse, 1846. — Les Rosières de Tournon, 1846. — L'Estatuyo de M. de Martignac, 1845. — Bilo et Campagno, 1849. — La Semano d'un fil, 1849. — Le bon riche de Flourenço, 1851. — Sen Bingen de Pol, 1851. — Lou puple de Toulouzo, 1851. — Variétés. — As Toulouzens. — Lou Demoun de la glorio et lou poéto, etc., 23 pièces in-8, et in-12, cart.

467. Las Papillotas de Jasmin coiffeur, de las académos d'Agen et de Bourdéou, etc. *Agen, impr. Proper Noubel*, 1843-51, 3 vol. in-8, portr. demi-rel. bas. viol et br.

468. Recueil de Noëls patois en français. *Narbonne*, 1842, in-12, demi-rel.

469. Chant communiste, par un homme qui ne l'est guère, le H. Birat. *Narbonne, impr. de Caillard*, 1849, in-8, br.

470. Comédies. Daphnis et Alcimadure, pastorale languedocienne. *Pau, veuve Delormel et fils*, 1755. — Retour d'Henri, granadié din la légion d'oun Gard, ou lou mariage di Marcarido, per mesti Martin. *Nimé, Claude*, 1821, 2 pièces in-8, cart. et br.

471. Les Castagnados, poésies languedociennes, par le marquis de la Fare-Alais. *Alais, impr. veuve Veirun*, 1851, in-8, br.

472. Las Castagnados, par le marquis de la Fare-Alais. *Alais, Veirun*, 1844, in-8, demi-rel. bas.

473. Dictionnaire de la langue romano-castraise et des contrées limitrophes, par J.-P. Couzinié. *Castres, impr. de Cantié*, 1850, gr. in-8, demi-rel.

474. Dictionnaire patois-français, par J. Couzinié, curé à Serviès (Tarn). *Castres, Thomas*, 1847, gr. in-8, cart. 1re livraison.

475. Recueil de cantiques spirituels à l'usage des missions du diocèse de Castres. *Castres*, 1782,

in-12, cart. — Cantiques de Castres en langue languedocienne et française. *Castres, s. d.* in-12, demi-rel.

476. Catalogue abrégé des noms patois de la Flore castraise de M. J. P. Couzinié. 1850, in-4 de 4 ff. cart.

477. Dictionnaire patois-français, à l'usage du département du Tarn et des départements circonvoisins, par M. l'abbé Gary. *Castres, Pujol*, 1845, in-12, demi-rel.

478. Le Misanthrope travesti, comédie en cinq actes et en vers patois, par le citoyen Daubian. *Castres, imp. de Rodière*, 1797, in-8, demi-rel.

479. Chants populaires du pays castrais, par Anacharsis Combes. *Castres, veuve Guillon*, 1862, in-12, br.

480. Cazes. Naou Poumos, ouffertos à très beros damaizelos. 1849. — Testoment de Simouno Lepus Simidus. 1850. — Massouquets de Sent-Biach. *Saint-Gaudens*, 1851. — Suito as Massouquets de Sent-Biach. *Saint-Gaudens*, 1855. — Ano bien aimablo Chatélèno, 1852. — Eras Aragos de Sent-Biach. 6 pièces in-8, cart.

481. Poésies languedociennes et françaises d'Auger Gaillard dit lou Roudié de Rabastens, publiées par M. Gustave de Clausade. *Albi, S. Rodière*, 1843, in-8, portr. demi-rel. v. r.

482. Poésies languedociennes et françaises d'Auger Gaillard dit lou Roudié de Rabastens, publiées par M. Gustave de Clausade. *Albi, S. Rodière*, 1843, in-12, demi-rel.

483. Bersés patoises de Moussu .... *Béziers*, 1842, tome 1er, in-12, demi-rel. n. rog.

484. Bulletin de la Société archéologique de Béziers, 1844, 1845. 1847, 1848, 1852. *Béziers, Domairon*, 1844-52, 7 livr. in-8, demi-rel. et br.

485. Monument de Pierre-Paul Riquet. Pose de la pierre. *Béziers, s. d.* — Couronne poétique offerte à la mémoire de P.-P. Riquet. *Béziers, Bory*, 1838, in-8, cart.

486. Poésios biterouesos des XVII° et XVIII° siècles coumpousados per diverses autous. *Béziers, Eug. Millet*, 1842, in-8, demi-rel. n. rog.

Exemplaire sur papier rose. Double, papier ordinaire.

487. Travaux de la Société archéologique de Béziers, 1835, 1838, 1839, 1845, 1847, 1848, 1850, 1851, 1853. *Béziers*, 11 br. in-8, cart. et br.

488. Recueil de poésies. Requesto presentado à MM. lous juges de Béziers en 1740. (*Manuscrit.*) — Satiro sul prougrès à l'oucasion del carnabal de 1853, par Junior Saus. *Béziers*, 1853. — La proucession del corpus à la parouesso de la Mataleno en 1852, par le même. *Béziers*, 1853. — Satiro sul credi founcié, par le même. *Béziers*, 1854. — Le laourié d'uno Batisso Nobo, ou la mort de Marcel. *Toulouse, s. d.* — Recueil de poésies par Bourguet. 7 pièces in-4 et in-8, cart.

489. A. Jasmin. 1844. — Ma bigno. 1845. — La Caritat. — A la piendo. — A la bilo de Beziés. 6 pièces in-8, cart.

490. Poésies légères, par Olympe Benazet. *Montauban, Ph. Crosilhes, s. d.* in-8, de 48 pag. cart.

491. Les Tribulations d'un médecin de campagno, pouemo en cinq cants, par B. Cassagnaou. *Montauban, Forestié*, 1856, in-8, cart.

492. Passe-Temps de Benazet. *Montauban, J. Renous*, 1842, in-18, demi-rel. n. rog.

493. Recueil de poésies. Introuduction al sietgi de Mountalba, par J. L. R. 1840. — Le Poëte de Bourret, par Guil. Prunet. 1845. — Mous darniés adious à las musos, par Tournié. 1849. —

Suzoun, par J. Castela. 1849. — L'Angi ou la fillo maïré, par Eug. Crosilhes. 1849. 5 pièces in-12, cart.

494. Recueil de poésies. L'Enlebomen d'un pastis réserbat pel darnié scir di carnabal. *Mountalba, s. d.* — Causon-Epitre à Morel, par Astier de Saint-Remi. *s. l. n. d.* — Béritabli détal di l'aygat di Mountalba del mes de noubembre 1766, par Laroquo. *Mountalba,* 1830. — Epitré à Jousep ou l'espital de J.-J. Bingèus. *Montauban,* 1844. — Lou Guidé del bigneyrou, per Laforgo-Rafino. *Mountalba,* 1844. — Vers de .... (grand vicaire) à Jasmin. 1846, 8 pièces in-8, et in-12, cart.

495. Pastorale en patois de Montauban, par ****, membre de la famille Delon. In-4, cart.

Manuscrit.

496. Les Folies du sieur Lesage de Montpellier. *Amsterdam, Daniel Pain,* 1700, in-12, fig. demi-rel. bas.

497. Épigrammes sur les grisettes de Montpellier, en 1799. — Ode en patois. — Pièces diverses en patois de Montpellier. — Fac-simile de l'écriture de M. Aug. Tandon. 4 pièces in-8, cart.

Manuscrit.

498. Des Maîtres de pierre et des autres artistes gothiques de Montpellier, par J. Renouvier et Ad. Ricard. *Montpellier, J. Martel,* 1844, in-4, cart.

499. De l'Influence exercée par la médecine sur la renaissance des lettres, par M. Prunelle. *Montpellier, J. Marcel,* 1809, in-4, demi-rel. bas.

500. Fables, contes et autres poésies patoises, par F.-A. Martin fils. *Mounpéié,* 1812, fig. cart. n. rog.

Manuscrit.

501. Recueil des épitaphes ou inscriptions pour Guillaume Renaud, libraire à Montpellier. *Montpellier, veuve Picot,* 1830, in-8, de 24 p. demi-rel.

502. Pouésias patouézas del taralié J.-A. Peyrottes. *Montpellier, veuve Ricard*, 1840, in-8, demi-rel.

Avec une lettre autographe de l'auteur.

503. Les Loisirs d'un Languedocien, par F. R. Martin. *Montpellier, Sevalle*, 1827, in-8, demi-rel. v. bl.

504. Fables, contes et autres poésies patoises, par F.-A. Martin fils. *Montpellier, Renaud*, 1805, in-8, demi-rel. bas.

Avec une lettre autographe de l'auteur.

505. Quittance en patois de Montpellier, 1845, in-12, cart.

Pièce manuscrite sur vélin.

506. Daphnis et Alcimaduro, pastouralo toulouzeno de Mr. de Mondonvillo. *Mountpellié*, *Rochard*, 1758, in-8, n. rel.

507. Louisa, pour Moussu di Gibloux. *Mounpéié*, 1850, in-18, br.

508. Lou Portafina de l'ouvrié, recul de poezias languedocienas, per Hip. Roch. *Mounpéié, Gras*, 1861, in-12, br.

509. Recul d'uvras patoizas de M. Fabre, Priou curat de Cellanova. *Mounpeye*, *Jullien*, 1837, tome 1er, in-18, br.

510. Recul d'uvras patoizas di M. Favre. *Mounpéyé, Tournel*, 1818, 2 vol. in-12, demi-rel. et br.

511. Obras coumplétas d'Augusta Rigaud et de Cyrilla Rigaud en patoues di Mounpéyé. *Mounpéyé, Aug. Vireuque*, 1845, in-18, demi-rel. bas. n. rog.

512. Pouésias patouésas d'Augusta Rigaud et de Cyrilla Rigaud. *Mounpéié*, *Renaud*, 1806, in-18, demi-rel. bas.

513. Las Fougassas de mestri Prunac boulangi di cetta poézias patouézas caouzidas din sas œuvras. *Mounpéyé, Gras*, 1861, in-18, br.

514. Recueil de Cantiques et Noëls, traduits en languedocien ou patois de Montpellier. *Montpellier, Seguin*, 1825, in-12, demi-rel.

515. Note sur le Cartulaire de Montpellier, qui se trouve parmi les manuscrits de la Bibliothèque du Roi à Paris, par M. Raynouard. In-4, cart.

Manuscrit.

516. Recueil de chansons. 9 pièces in-4 et in-8, cart. et br.

Chant français pour la fête de Charles X (4 novembre 1825). (*Manuscrit.*) — Chansons d'aou faubourg di Lattas. *Montpellier*, 1832. — Chansons d'aou faoubour di Boutonnet. *Montpellier, s. d.* — Chansons en dialecte de Montpellier. (*Manuscrit.*) — Lou Loup, par Aug. Rigaud. *Montpellier, s. d.* — Lou Poutou, par M. Caussinel. *Montpellier, s. d.* — A.Madame Fanny T***. *Montpeïé*, 1822, etc.

517. Recueil de poésies. 9 pièces in-4 et in-8, cart.

Ode à Napoléon le Grand, par Touchy. *Montpellier, s. d.* — Lous Cassayres de Mounpéyé. *Montpellier.* — Confession de Zuline, par M. Ginguené. *Montpellier, an XIII.* — Lous Plésis daou Péyrou, messes en vers libres, per M. B. *Mounpéyé*, 1829. — La Fadechailhas del taralié J.-A. Peyrottes. *Montpellier*, 1842. — A la Mor, par le même. *Marseille*, 1845. — L'Ormari de Bussac, par M. Caldesaignes de Milhau. *Montpellier*, 1847. — Plen Poun de flours à lou memouoro d'un brave houome. *Montpellier*, 1849. — Badinache én patoués de Mounpéié. *Montpellier, s. d.*

518. Aurons-nous la guerre? *Montpellier*, 1831. — Placandis Narcissa Manibus. *Montpellier, s. d.* — Lettre sur la poésie patoise, par Daudi de Lavalette. *Montpellier, s. d.* — Notice sur deux manuscrits des archives de la commune de Montpellier. *Montpellier*, 1835. — Extrait de la préface de l'édition des œuvres de l'abbé Favre, par J.-L. Brunier. 5 pièces in-8 et in-12, cart.

519. Obras patouézas de M. Favre, priou-curat dé Célanova, pèr un troubadour d'aquéste tén. *Mounpéyé, A. Virenque*, 1839, 4 vol. in-12, demi-rel. bas.

520. Bonnet. Chansons. Lou Picho moun-céni ou leis escayé deis baissur. *Nimes, s. d.* — Chansouns pour lou carnaval de 1843 et 1846. *Nismes.* — Chansouns à l'honnour doue grand sant Mamé. *Nîmes*, 1850, in-8, cart.

521. Recueil de poésies. 7 pièces in-8 et in-12, cart.

Pouémo en vers patois, dedia à MM. lei miquelés et royalistos dei departamens d'aou Miejour. *Nismes, s. d.* — Lou Troubadour languedocien (par Roustaut). *Nimé*, 1832. — Una Coursa de bioous, par M. Germain Encontre. *Nismes*, 1839. — Fragments de poésies en langue d'oc. *Paris*, 1843. — T'aimé, par A. Bigot. *S. l. n d.* — Li Boutoun di guéto, par A. Bigot. *Nîmes*, 1855.

522. Bonnet. Poésies. Petit Abrégé de la civilisation. *Nismes*, 1843. — La Carlamusou. *Nismes*, 1846. — La Touri-Caradou di Beoucaïri et la villou. *Nimes*, 1846. — Moun paure patois. *Nimes*, 1856, 4 pièces in-8, et in-12, cart. et br.

523. Vocabulaire patois de Rouergue. *S. l. n. d.*, in-8, demi-rel.

524. Poésies diverses, patoises et françoises, par M. P*** A. P. D. P. *En Rouergue*, 1774, in-12, demi-rel.

525. Géorgiques omnibus, poème héroï-bucolique en quatre chants, par M. Peyrot, et trad. du patois rouergat par M. Bouriaud aîné. *Paris*, *Hachette*, 1832, in-18, br.

526. Proverbes patois en dialecte du Rouergue, par M. Jules Duval. *Rodez*, 1845, in-8, demi-rel. n. rog.

527. Notice biographique sur J. Despradels et C. Peyrot de Millau, par le baron de Gaujal. *Millau, Carrère*, 1840, in-8, de 29 pag. cart. — Notice sur l'ancienne abbaye de Saint-Pierre de Haut (Aveyron), par M. l'abbé *** (Bousquet). *Millau*, *Carrère*, 1848, in-12 de 40 pag. cart.

528. OEuvres patoises complètes de C. Peyrot, ancien prieur de Pradinas ; 5e édition. *Millau*, *Carrère jeune*, 1855, in-12, portr. br.

529. OEuvres patoises de Claude Peyrot, ancien prieur de Pradinas, seconde édition. *Millau*, *impr. de Pierre Chauson*, *an XIII*, in-8, demi-rel.

530. Œuvres patoises complètes de C. Peyrot, ancien prieur de Pradinas; 4e édition. *Millau, Carrère jeune*, 1823, in-8, portr. demi-rel.

531. Œuvres patoises et françaises de Claude Peyrot, ancien prieur de Pradinas; 3e édition. *Millau, impr. de Chauson*, 1810, in-8, demi-rel.

532. Les Quatre Saisons, ou les Géorgiques patoises, poëme, par M. P. A. P. D. P. (Peyrot). *Villefranche*, 1781, pet. in-8, demi-rel.

533. Vestrepain. Recueil de poésies. 16 pièces in-4 et in-8, cart.

Las Abanturos d'un campagnaco à Toulouse. *Toulouse*, 1836. — La Polka generalo. *Toulouse*, 1845. — L'Anjo de caritat. 1845. — La Balotcho del barri de Sent Subra. *Toulouse*, 1846. — Jutjomen de Sankioul. *Toulouse*, 1846. — La Banniero toulouséno. (*Manuscrit.*) — Li Trabal. (*Manuscrit.*)— Le Pourtrét d'Angélo. (*Manuscrit.*) — Li Trabal. *Toulouse*, 1847. — Libertat, Egalitat, Fraternitat. *Toulouse*, 1849. — Les Noutaris et les banquiés. *Toulouso*, 1849.

534. Recueil de poésies. 9 pièces in-8, cart. et br.

Poésies patoises, par L. Mengaud. *Toulouse*, 1839. — Las Margaridetos. *Toulouse*. — Histoira di moun recul de fablas, par Martin. *Toulouse*, 1846. — L'Abanturo de Jacqués de la montagno Négro, racountado per Jean de Nibelo. *Toulouse*, *s. d.* — La Filousado, ou la bido de Filouso. *Toulouse*, *s. d.* — La Festo des boulebars de Toulouso. *Toulouso*, 1853. — Calquis bers d'uno muso gascouno, par le comte de Narbonne-Lara. *Toulouse*, 1856. — Epitre à Mme de Saint-George, par M. Daveau. *Toulouse*, 1859. — Un Bal et une quête à la cour, par le même. *Toulouse*, 1861.

535. Recueil de poésies. 10 pièces in-4 et in-8, cart.

Rosos et pinpanélos. *Toulouse*. — Ma Musetto, par Ceren. *Toulouse*. — La Crouts, par Mengaud. *Toulouse*, 1843. — Préface de poésies languedociennes. *Toulouse*, 1844. — Les Abanturos d'un griset à la fiéro de Sent-Jan, par B. Paillés. *Toulouse*, 1847. — Las Ordenansas et coustumas del libre blanc. *Tolosa*, 1846. —Le Gril, par Mengaud. *Toulouse*, 1848.—A M. Garcin, instituteur à l'hospice de la Carita de Toulouse. (*Manuscrit.*) — Lous Poésies de Jan de Mourraü. (*Manuscrit.*) — Le Lougarou, par Gineste. (*Manuscrit.*)

536. Recueil de chansons. 21 pièces in-4, in-8 et in-12, cart.

Le Nonçur, par B... *Toulouse*, *s. d.* — Cançou d'un courré d'azi fayt à Naoubernat en 1838. — La Festa de Sen-Subra, per Pradel. *Toulouse*, *s. d.* — La Festo de Sent-Subra. *Toulouse*, *s. d.* — Lous Ribouturs al cabaret. — Chansoun su leis electiouns. — Chanson del courre d'azi de léspinasso. — Cansou d'un courre d'azi de Castelmaurou. — Courré d'asi de Sent-

Peyré. — Cansou de mestré Barbousso. — La Toulousaino, par Mengaud — La Tristesso di carnabal réjouis lé carémé, par Couloun. — Recueil de chansons nouvelles. — Festo de Sent-Subra. — La Fiéro des poulets. — Cansou en l'aounou de Moussu Gasto Pasto, pastissié roustissur, et de sa charmanto fenno. — Chanson des amics de la joyo cabalcado de Mountaoudrau. — La Festo de Sent-Subra, par M. Pradel. — L'Aboucat de Lalando. — Le Bastardeou des tres-coucuts. *Toulouse*, 1850.

537. Dialogue entre le pero Serment et mestre Guillaume. *Toulouse*, 1791. — Discours prounounçat durant la légiou de Sant-Ginest. *Toulouse*, *s. d.* — Recherches historiques sur Goudouli, par le père Serment. *Toulouse*. — Dialogue de l'ombre de feu M. l'abbé de Naut. *Toulouse*, *s. d.* — Cinq chronogrammes inédits, en langue romane. *Toulouse*, 1847. — Dissertation sur une chanson attribuée à Gui du Faur de Pibrac, par M. Noulet. *Toulouse*, *s. d.* — Mémoire sur deux chartes inédites concédées aux habitants de Verlhac-Tescou, par M. de Vacquie. *S. l. n. d.* — Rapport sur les manuscrits de l'académie des jeux floraux, par M. d'Aldeguier. *Toulouse*, 1852, etc. 14 pièces in-8 et in-12, cart.

538. Recueil. 10 pièces in-4, in-8 et in-12, cart.

Lou Choléra, Cristoou lou Beffi, e tisto. — Uno Albado à Toulouso. — Li Prouvençalo. — Dialogue sur la liberté, l'égalité et la fraternité. — Abis d'un boun Pastou a sous parrouquias. — Dialogue entre un noble et un roturier. — Cercle d'or, almanach pour 1855. *Alais*.

539. Benazet (Olympe). Recueil de poésies. 6 pièces in-8, cart.

La Diligence et le Courrier, etc. *Toulouse*, *s. d.* — Proucès de Bounifaço Coutoun, peiruquiè. *Toulouse*, *s. d.* — Les Prêtres. *Toulouse*. *s. d.* — Las Damos de Countouer. *Toulouse*, *s. d.* — Les Olympiennes. *Toulouse*, 1847. — Jutjomen de Mal-Unit. *Toulouse*, 1850.

540. Houmatge a Riquet à l'ouccasion di l'inauguration di sa statuo à Toulouso, per Daveau. *Toulouse*, 1853, br. in-8.

Dix exemplaires.

541. Recueil de poésies. 7 pièces in-4, in-8 et in-12, cart.

Letro moundino sur la joyo de Toulouse per le recoubromen de la santat del rey. *S. l. n. d.* — L'Intrado de moussu le prumiè president. *S. l. n. d.*

— Noubelle pastourale. *Toulouse, s. d.* — La Ordenansas et coustumas del libre blanc. *Tolosa*, 1855. — La Patano et la truffo, par li sourciè del Mas. *S. l, n. d.* — La Beritablo Mort de Mountalba. *Toulouse, s. d.* — Li Goudouli (2 numéros). *Toulouse*, 1851.

542. Quelques Inscriptions en langue romano-provençale, par le marquis de Castellane. *Toulouse*, 1838. (*Manuscrit.*) — Une Excursion au pic d'Ami, par Gust. d'Alaux. *Toulouse*, 1841. — Ascension au pic de Nethou, par P. de Tchiatcheff. *Toulouse*, 1842. — Un Dîner à l'oxygène, par M. le vicomte de Lapasse. *Toulouse*, 1847. — Notice historique sur la prise et la démolition de la forteresse de Pujol par les Toulousains, par M. V. Molinier. *Toulouse*, 1861. 6 pièces in-4 et in-8, cart. et br.

543. Recueil de poésies. 12 pièces in-4, in-8, et in-12, cart.

L'Oupiniou d'un fat al sutjet de la festo de Sent-Subia. *Toulouse, s. d.* — La Festo di sant Aloï, par Est. Bidal. *Marsio, s. d.* — Le Biel Mandiant, par Revel. *Toulouse*, 1845. — Soulomi, par H. d'Anselme. 1849. — Les Oubriès de Toulouso al poèto Jansémin, 1857. — Vers de M. Olmade. *Toulouse*, 1852. — Requiem, par J. Roumanille, — Noël patois. *Toulouse.* — Noël nouveau, par M. Laserre. 1808. — Le Missionnaire mourant, par le vicomte de Mac-Carthy. *Toulouse*, 1859.

544. Daveau. Recueil de poésies. 6 pièces in-8 et in-12, cart.

Uno Albado à Toulouso. — Uno Albado à Toulouso, le prumiè may. *Toulouse*, 1846 — Las Pasquos d'uno Bierjo martyro. *Toulouso*, 1848. — A Madamaisello. — Houmatgi à Riquet à l'ouccasiou di l'inauguratiou di sa statuo à Toulouso. *Toulouse*, 1853.

545. Combes. Recueil de poésies. Bido de la bienhurouso Germèno. *Toulouse, s. d.* — Le Banquet rouyalisto. *Toulouse, s. d.* — Las Coursos de Toulouse. *Toulouse*, 1846. — Las Coursos de 1847. *Toulouse*, 1847, 4 pièces, in-8 et in-12, cart.

546. Le Tableau de la bido del parfet crestia en bersses, par le P. A. N. C. *Toulouzo, Buosso*, 1759, in-8, bas.

Double.

547. Cantiques ou opuscules lyriques sur différents sujets de piété. *Toulouse*, 1770, 1785, 1797, 1808, 4 vol. in-12, demi-rel. — Li Sent Ebangely di Nostri Seignou Jésus-Christ seloun sent Jan. *Toulouse*, 1820, in-12, demi-rel.— La Lyre de Judée, ou recueil de nouveaux Noëls, par J.-T. Avril, 1840. — L'Elite des bons Noëls nouveaux. *Toulouse*, *s. d.* in-18, cart.

548. De Dame Clémence Isaure substituée à Notre-Dame la Vierge Marie comme patronne des jeux littéraires de Toulouse, par le Dr J. B. Noulet. *Toulouse, J.-M. Douladoure*, 1852, in-8, cart.

549. Virgilo deguisat o l'Eneido burlesco del Sr de Vales de Mountech. *Toulouso, Fr. Boude*, 1648, in-4, demi-rel. v. bl.

550. Recueil de l'Académie des jeux floraux, 1855, 1856. *Toulouse, J.-Mat. Douladoure*, 1855-56, 2 vol. in-8, br.

551. Passe-Temps de Benazet. *Toulouse, Marie Escudier*, 1835, in-8, demi-rel. bas.

552. Las Abanturos d'un campagnaro à Toulouso, par L. V. C. *Toulouse, Dagallier*, 1837, in-8, demi-rel. bas.

553. Lou Parterre gascoun coumpouzat de quaoute carreus, per G. Bedout d'Auch. *Toulouse, Auch*, 1850, in-12, demi-rel.

554. Le Triomphe de l'Églantine avec les pièces gasconnes qui ont été récitées dans l'Académie des jeux floraux les années précédentes, par M. Dominique Dugay. *Toulouse, Ant. Colomiez*, 1693, pet. in-8, de 24 pag. cart.

555. Le Ramelet Moundi, par Goudelin. *Toulouso, impr. de R. Colomies*. 1621, pet. in-8, titre gravé. vélin. (*Rare.*)

556. Recueil de proverbes ou sentences populaires en langue provençale. *Brignoles*, 1821. — Lou

Parterre gascoun, par G. Bidout. *Toulouse*, 1850. — L'Arrivée du père Lacordaire dans la ville de Sorèze. *Toulouse*, 1855. — Variétés littéraires et biographiques, par M. de Labouisse-Rochefort. *Toulouse*, 1851. Breloques, ou recueil de pièces fugitives. *Toulouse*, 1782. — Noël, 1720. 6 pièces in-12 et in-8, cart. et br.

557. Le Tableu de la bido del parfet crestia en bersses que represento l'exercici de la fe... fait par le P. A. N. C. *Toulouzo, J.-J. Boudo*, 1703, in-8, vélin.

558. Le Ramelet Moundi de Goudelin. *Toulouzo, J. Boudo*, 1638, in-8, vél.

559. Las Pimpanélos, par Lucien Mengaud. *Toulouse*, 1841, in-18, demi-rel.

560. Le Dret Cami del Cél dins le pays moundi o la bido del gran patriarcho sant Benoist, par B. Grimaudt. *Toulouso, Fr. Boudé*, 1659, pet. in-8, front. gravé vél. (*Rare.*)

561. Le Miral moundi, pouemo en bint et un libri. *Toulouso, Desclassau*, 1781, in-12, v. marbr.

562. Recueil de prières et cantiques à l'usage des missions. *Toulouse*, 1776-81, 8 vol. in-12.

563. Las Obros de Pierre Goudelin. *Toulouso, Le Camus*, 1713, in-12, portr. bas.

564. Le Trésor du chrétien à l'usage de tous les catholiques, par M. Sajous. *Toulouse*, 1810, in-12, demi-rel.

565. La Granoul-ratomachio o la furiouso é descarado bataillo des rats et de las grenouillos, par B. G. T., poemo burlesco. *Toulouse, Bosc*, 1764, in-12, bas.

566. Manuel agricole et domestique des termes qui s'appliquent aux choses usuelles, à l'usage des habitans du midi de la France, par M. Poumarède. *Toulouse*, 1841, 2 vol. in-12, demi-rel.

567. Lou Trimfe de la lengouo gascouo, par J. G. d'Astros. *Toulouse*, 1700, in-12, vél.

— Doubles, 1762, demi-rel.

568. Las Obros de Pierre Goudelin, augmentados d'uno nuobélo Floureto. *Toulouso, P. Bosc*, 1647, in-4, bas.

569. Las Obros de P. Goudelin. *Toulouse, Auguste Abadie*, 1862, in-18, br.

570. Lou Trimfe de la lengouo gascono, par J.-G. d'Astros. *Toulouse, Guillemetto*, 1763, in-12, cart. rog.

571. Dialectes de Castelnaudary. L'Angles à l'oupéra. — Li Ritou di bipex. — Li Cant del roussignol. — Li Péis d'avril. — La Maigaudo. — Recueil de chansons, etc., 11 pièces in-14 et in-8, cart.

572. Dialecte de Castelnaudary. Arbitrage entre Pierre Hélie, archiprêtre de Laurac-le-Grand et Marty Johan, prieur de Saint-Sauveur et bénéficier de Saint-Michel de Castelnaudary, à l'occasion de certaines dîmes, par-devant maître Ragoste, notaire de Laurac-le-Grand. 21 juin 1530, in-4, cart.

Pièce manuscrite.

573. Inauguration du buste d'Alexandre Soumet, le 18 mai, 1845 (par Toussaint). *Castelnaudary*, 1845, in-8, cart.

574. Noémi, pouémo tirat di la Biblo, per A. Galtier. *Castelnaudary, L. Groc*, 1840, in-8, demi-rel. mar. v.

Avec une lettre autographe de l'auteur.

575. Recueil di cansons patoisos, coumpousados per Coumbettos dit Couquel, tourneur di Castelnaudary. *Castelnaudary*, 1835. — Canson à M. De Ex. P. del R. (*Manuscrit.*) 2 pl. in-4, cart.

576. Récréations de moussu Ritou et de las brabas gens, per M. P. Revel. *Toulouse, impr. d'Aug. de Labouisse-Rochefort*, 1845, gr. in-8, portr. demi-rel. bas bl. n. rog.

577. Extrait du verbal de la traduction du tarif des droits de Leude, péage et guidonage qui se perçoivent en la ville de Toulouse, fait en exécution des arrêts de la Cour des aides de Montpellier des 16 novembre 1747 et 21 avril 1757. — Mémoire pour le sindic de la ville de Toulouse, contenant réponse à celui du sieur François Hacquin, fermier du droit de Leude. *Toulouse, veuve B. Pijon*, 1761, in-4, vél.

578. Œuvres d'Arnaud d'Aubasse, peignier en corne. *Villeneuve, Currins*, 1806, in-8, demi-rel. mar. n.

579. Œuvres complètes d'Arnaud d'Aubasse, maître peignier de Villeneuve-sur-Lot, mises en ordre par H. E... *Villeneuve-sur-Lot, Glady*, 1839, in-8, portr. br.

580. Recueï di chansouns patoises per lou carnaval di 1837, par Bonnet. *Arles*, 1837. — Leis Républicaino prouvençalo, chansons nouvelles en vers prouvençaux, par J. Desanat. *Arles, s. d.*, 2 plaq. in-8, cart.

581. Poésies patoises, par Ant. Gros. *Arles, D. Garcin*, 1837, 2 plaq. in-12, cart.

582. Mistral. Li-2-Oulivado, 1851. — Ver legi à l'assemblado di troubadour acampado en Arle lou 29 davous, 1852. — Lou Nouguie de Magalouno. 3 pièces, in-8, cart.

Manuscrit.

583. Coursos de la Tarasquo et jocs founda per lou rey René, avec une série de notes explicatives rédigées en français, par J. Desanat. *Arles, D. Garcin*, 1846, in-8, cart.

584. Œuvres complètes de J.-P. Coye en vers provençaux. *Arles, Ad. Mesnier*, 1829, in-8, demi-rel.

585. Pichotou révuou deis saisouns Bouqueirenquou, poëmou patois en 4 cants, par P. Bonnet. *Arles*, *D. Garcin*, 1839, in-8, demi-rel.

586. Lou Rhose de 1840 cousin gearman d'oue Déluge, ou reflexioun historique deis principaux faits d'aquelle inoundatioun arriva din Beoucaïre, par Bonnet. *Arles*, *D. Garcin*, 1840. — Leis doux rivaous de la Tartugou ou l'ase, lou coulobre et la Tarasque, par le même. *Nîmes*, *C. Durand-Belle*, 1840, in-8, demi-rel.

587. Chansouns prouvençales, escapades d'oou supount vo lesirs de mesti Miqueou de Truchet, d'Arles. *Paris*, *Moreau*, 1827, in-18.

Deux exemplaires.

588. La Festou de Nostrou Damou di Casteou, en vers prouvençaou (par A. Hilaire fils). *Tarascon*, *s. d.*, in-8 de 14 pag. cart.

589. Desanat. Lou Travai et la finiantiso, sermoun doou cura Rufi. *Tarascon*, *s. d.*—Souvenenço d'un banquet democratiqui et fraternel à Tarascoun, lou 3 décembri 1848. *Beaucaire*, *s. d.* — Confessioun d'uno vieio guso di Tarascoun, surnoumado Ladur. *Beaucaire*, 1849, 3 pièces in-8, cart.

590. Bonnet (P.). Lou Rhosi de 1841 cousin doue gearman doue Délugi. *Tarascon*, 1842. — Trata historiquou doue Roussignoou. *Alais*, 1844. — A Moussu *** sur sa counvalescençou, 1845.— Rapport d'un congrès scientifique en vers patois. *Beaucaire*, 1847. — Lou Desespoir doue Rhosi, controu la banquette doue pot di Beoucaire. *Tarascon*, *s. d.* 5 pièces in-8, cart.

591. Fors et costumas de Bearn. 1682, in-4, vél.

Manque le titre.

592. Los Fors et costumas de Bearn. *Pau*, *J. Desbaratz*, 1715, in-4, peau de mouton.

593. Grammaire béarnaise, suivie d'un vocabulaire français-béarnais, par V. Lespy. *Pau, typogr. Véronèse*, 1858, in-8, br.

594. Garet. Poésies. Henri IV. *Pau, s. d.* — Lou Jardi béarnès. *Pau, s. d.* — Gaston Phœbus y Agnès de Nabarro. *Pau, s. d.*, 3 pièces in-8, br.

595. Estrées béarnèses, aou proufieit deous praoubes, par M. X. Navarrot. *Oloron*, 1834. — Pouésies béarnaises recouiés lhudes dens la ballée d'Aspe. *Pau*, 1845. — L'Estatue d'Henric IV sur la place royale di Paü, par V. Bataille. 3 pièces in-8, cart.

596. Poésies béarnaises. *Pau, E. Vignancour*, 1827, in-8, demi-rel. bas.

597. Estrées Bearnèses en ta l'an 1820. *Pau, impr. de Vignancourt*, in-12, portr. br.

598. La Pastourale deu paysan, qui cerque mestié à soun hilh, chens ne trouba a soun grat, par M. Foundeville, de Lescar. *Pau, s. d.*, in-8, cart.

599. La Bertat, ou ribe de Moussu l'Abat de Puyoo, de la gentille maysou d'Esbarrebaque de Bearn. *Pau, Asfeld, s. d.*, in-12, cart.

600. Chronique de Notre-Dame-du-Calvaire de Bétharram, lieu du pèlerinage, dans le pays de Béarn, (Basses-Pyrénées), par M. l'abbé J.-M. Meujoulet. *Pau, E. Vignancour*, 1843, in-12, demi-rel.

601. Juraments, trouvats aux coffres et archifs deu pays de Bearn, deus reys et reginas, seignours souvirans deudit pays... In-8, demi-rel. v. bl.

Manque le titre.

602. Manual de exercicis y cantichs espiritualis, per les missions que fau los PP. Caputxins en lo comptat de Rossello. *Perpinya, Jaume Dupuy, s. d.*, in-12, n. rel.

603. Fabulas en verso castellano, para el uso del real seminario vascongado, por don F. M. Sama-

nugo. *Perpinan, impr. de J. Alzine*, 1824, in-18, demi-rel. v. gris.

604. Novena del glorios martyr sant Ferriol, patro singular de Viena... per N. R. *A Perpinya*, *J. Goully*, 1789, pet. in-12, br.

605. Voceri, Chants populaires de la Corse, précédés d'une excursion faite dans cette île en 1845, par A.-L.-A. Fée. *Paris*, *V*, *Lecou*, 1850, in-8, br.

606. Voceri e Canzoni corse. *Bastia*, 1844. — Dialogo in dialetto corso. *Bastia*, 1852. — Almanacco del gran pescator di Chiaravalle. *Bastia*, 1853, 3 pièces in-18, cart.

607. Saggio di versi italiani et di canti popolari corsi, fascicolo V. *Bastia*, 1843, in-18, br.

608. Rapport sur le tableau des dialectes de l'Algérie et des contrées voisines, de M. Geslin, par M. Reinaud. *Paris*, 1856. — Notice sur la Gazette arabe de Beyrout, par le même. *Paris*, 1858, 2 broch. in-8.

609. Las Obros de Pierre Goudelin. *Amsterdam*, *D. Pain*, 1700, in-12, portr. bas.

610. Scatabrouda, coumedio noubelo et histouriquo, coumpousado, per M. V. B. D. *Roterdam*, *P. Marteau*, 1687, in-8, dem. rel.

611. Poesias andaluzas de don Tomas Rodriguez Rubi. *Madrid*, 1841, in-8.

612. Trovas e cantares de um codice do XIV seculo, ou antes, mui provavelmente, o livro das cantigas de conde de Barcellos. *Madrid*, 1849, in-18, br.

613. Lo Gayte del Llobregat. Poesias de don Joaquim Rubio y Ors. *Barcelona*, *Joseph Rubio*, 1841, in-8, br.

614. Die Werke der Troubadours in provenzalischer Sprache, von C. A. F. Mahn. *Berlin*, 1855. — Peire Vidal's Lieder, von Dr Karl Bartsch. *Berlin*, 1857. —

La Vie de sainte Enimie von Bertran von Marseille. *Berlin*, 1857. Beiträge zur Kunde alt-französischer... von C. Sachs. *Berlin*, 1857. — Zahrbuch für romanische und englische Literatur, von Ferdinand Wolf. *Berlin*, 1858, 13 pièces in-8 et in-12, br.

615. Tableau synoptique ct comparatif des idiomes populaires, ou patois de la France, par J.-F. Schnakenburg. *Berlin*, 1840, in-8, br.

616. Dialecte de Saint-Valière (Aude), par Lacaze (curé), 1844, in-4, cart.

Manuscrit.

3. PROVENÇAL.

617. Projet d'un dictionnaire provençal-français, ou Dictionnaire de la langue d'Oc ancienne et moderne, par S.-J. Honnorat. *Digne, Repos*, 1840, in-8, demi-rel. bas.

618. Le Nouveau Dictionnaire provençal-français, précédé d'un abrégé de grammaire provençale-française, et suivi de la collection la plus complète des proverbes provençaux, par M. G. (Garcin). *Marseille, impr. de Mme veuve Roché*, 1823, in-8, demi-rel. bas.

619. Nouveau Dictionnaire provençal-français, par Etienne Garcin. *Draguignan, Impr. Fabre*, 1841, 2 vol. in-8, demi-rel. bas.

620. Dictionnaire provençal-français, ou Dictionnaire de langue d'Oc ancienne et moderne, suivi d'un vocabulaire français-provençal, par S.-J. Honnorat. *Digne, Repos*, 1846-47, 4 vol. in-4, demi-rel. v. viol. n. rog.

621. Les Saints Evangiles pour tous les dimanches et les fêtes de l'année, tournés en vers provençaux et remis en prose française, par Marius Decard. *Aix, impr. A. Makaire*, 1862, in-8, br. tome Ier.

622. Recueil de Cantiques spirituels à l'usage des missions de Provence, en langue vulgaire avec airs notés. *Avignon, Fr.-J. Domergue,* 1734, in-12, bas.

623. Recueil de poésies provençales, 4 pièces in-4 et in-8, cart.

Toni lou Pounchut, aspirant saint-simounien. *Aix, s. d.* — Leis Juechs de la festo dé Diou. *Azai,* 1851. — La Grando parladisço aou sujet de l'egliso que bastissount dins nouestré villagi à Mazargues. *Marseille, s. d.* — Epître à M. l'abbé de Lamennais sur l'existence de Dieu, par M. Diouloufet. *Aix,* 1825.

624. L'Historien sincère, sus la guerro doou duc de Savoyo en Provenço, en 1707, poème provençal inédit de Jean de Cabanes, écuyer d'Aix, précédé d'une notice sur ce poète, par A. Pontier, *Aix, Pontier,* 1830, in-8, br.

625. Les Magnans (vers à soie), pouëmo didactique en quatre chants, eme de notos de la coumpousition de M. Diouloufet (A.-J.). *Aix, Aug. Pontier,* 1819, in-8, fig. demi-rel.

626. Le Fournigo et lou grie, pouemo prouvençaou en 3 chants (Lengagi d'Azai), par Marius Decard. *Aix, impr. de Nicot,* 1857, in-18, cart.

627. Variétés religieuses, ou choix de poésies provençales. *Aix, Makaire,* 1860, in-12, br.

628. Chants populaires de la Provence, recueillis et annotés par Damase Arbaud. *Aix, Makaire,* 1862, in-12, br.

629. Recueil des Noëls composés en langue provençale, par Nicolas Saboly. *Avignon, Séguin,* 1856, in-4, musique, br.

630. Boudin (Aug.). Poésies à M. Requien su soun retour en santa, 1846. — A M. Paul Delorocho. 1847. — Suplico à Mounsignour Debelay, 1849. — A moun ami Laplanche, 1850. — Lou Magnan et la Catalauso, 1850. — Gazbeto de Fablo. *Avignon,* 1853. — La Crécho de la Santo Enfanço.

Avignon, 1852. — Angélo. *Avignon, s. d.* — Lou Partajaire, 12 pièces in-4, in-8 et in-12, cart.

631. Recueil de poésies, 14 pièces in-8, cart.

Le Bal dél Crailloun. — Madame, par un Marsillargeois. — Stances, par Barrère, instituteur à Tiu. — La Festo di sant Aloï, vo lou Trin doou villagi, par Bibal. *Marsio.* — Lei Nouè, par Cassan. *Avignon.* — Les Fleurs de Saint-Pierre de Luxembourg. *Avignon*, 1856. — A Jasmin, par Mengaud, etc.

632. Pochades politiques. L'Intérieur d'une Chambrée. *Avignon, s. d.* — Pochades politiques. Les Deux Travailleurs. *Avignon, s. d.* — Le Socialiste et l'Ouvrier. La Californie, *Avignon, s. d.*, 3 pièces in-4 et in-8, br.

633. Recueil de Noëls provençaux composés par le sieur Peyrol, menuisier d'Avignon. *Avignon, J. Chaillot*, 1791, in-8, cart. — Recueil de Noëls français et provençaux, par J.-B. Mathieu. *Avignon, Calvet-Leblond*, 1837, cart. — Le Bijoun, noël provençal, par J. Roumanille, 1850, in-8, cart.

634. Roumanille. Li Capelau. Étude de mœurs provençales. *Avignon*, 1851, 9 pièces in-8, cart.

635. Roumanille. 9 pièces in-8 et in-12, cart. et br.

Les Clubs, 1840. — Quan devi foou paga, étude de mœurs avignonnaises. *Avignon*, 1849. — Louis Gros et Louis Noé, ou un Drame dans les carrières de Saint-Rémy. — Les Clubs. *Avignon*, 1840. — Requien. *S. d.* — Lis Oubreto. *S. d.* — Réponse à M. Alfred Artaud. *Avignon*, 1863.

636. Recueil de poésies, 4 pièces in-8, cart.

Lou Soupa di Saboly, par Aug. Boudin. *Avignon*, 1848. — A M. Requien, su soun retour en santa, par Bonnet. *Avignon, s. d.* — A M. Requien, su soun vouyage à Paris, en 1846, par J. Desanat, etc. *Avignon, s. d.* — Epitro a M. Requien, par C. Reybaud. *Avignon*, 1851.

637. Roumanille. 4 pièces in-8 et 18, cart.

Louis Gros et Louis Noé, ou un Drame dans les carrières de Saint-Rémy. *Avignon*, 1849. — Li Capelan, étude de mœurs provençales. *Avignon*, 1851. — Li Sounjarello. *Avignon*, 1852. — La Part dau bon Dieu, précédée d'une dissertation sur l'orthographe provençale. *Avignon*, 1853.

638. Recueil de poésies. 3 pièces in-8, cart.

La Rato-penado et la mousleto. — Un Mot a mi bon-z-ami li troubaire prouvençau, à l'oucasioun dau caremo de 1854. *Avignon*, 1854. — Lis Auvari de Roustau, par A. Aultremau. *Avignoun*, 1857.

639. Roumanille. Recueil de poésies. 7 pièces in-8 et in-12, cart.

A la Pologno. *Avignoun*, 1846. — Li Pijoun. 1849. — Li Diable. 1849. — Una Martegalado. — Una Margarideto, à M. E. Requien. *Avignon*, 1850. — Li Crècho à Sainte-Beuve. 1851. — Li Nouè. *Avignoun*, 1852.

640. Recueil de Noëls provençaux composés par le sieur Nicolas Saboly. *Avignon*, *Offray*, 1845. — Li Noui de Saboly, Peyrol e J. Roumanille, ensi de vers de J. Reboul. *Avignon*, 1852, in-12, cart.

641. Comédies. 5 pièces in-8 et in-12, cart.

Le Marché de Marseille. vo lei doues Coumaires (par Carvin). *Avignon, an VII*. — Misi Galineto et lou revenant, vo lou Mariagi de Basefiu, par le même. *Avignon*, 1830. — Moussu Jus, par le même. *Avignon*, 1823. — Lou Groulié bel esprit, par M. Pelabon. 1840. — Lou Proucez de Carmentran, *Avignon*, *s. d.*

642. Armano provençau. Années 1855, 1856, 1858 à 1865. *Avignon*, 10 vol. in-18, cart. et br.

643. Mireio, pouemo prouvençau de Frederi Mistral (avec la traduction littérale en regard). *Avignon*, *J. Roumanille*, 1859, in-8, br.

644. Poésies par Royer (Louis Bernard), d'Avignon, in-4, cart.

Manuscrit.

645. Les Clubs. — Un Rouge e un Blan. — Li Partejairi. — La Ferigoulo, études de mœurs provençales, par J.-A. (Roumanille). *Avignon*, *Séguin*, 1851, in-8, cart.

646. La Farandole d'Anselme Mathieu, avec un avant-propos de Frédéric Mistral. *Avignon*, *Bonnet*, 1862, in-12, br.

647. Lis Oubreto de Roumanille (1835-1859), *Avignoun*, *Z. Roumanille*, 1860, in-12, portr., br.

648. Lis Oubreto en proso de Roumanille. *Avignon*, *J. Roumanille*, 1864, in-12, br.

649. Lou Groulié bel esprit, vo Suzeto et Tribor, comédie par M. Pelabon, de Toulon. *Avignon*, 1813, in-12, demi-rel.

650. La Campano mountado, pouemo en sit cant de J. Roumanille. *Avignon, J. Roumanille*, 1857, in-12, br.

Avec une lettre autographe de l'auteur.

651. Li Nouvè de Saboly, Peyrol, Roumanille, un peçu d'aqueli de l'Abat Lambert, et de vers de J. Reboul. *Avignon, Aubanel*, 1858, in-12, br.

652. Pèlerinage au mont Ventoux, par F. Seguin, suivi de Santo-Croux, douas letro a ma bravo sore Touneto, par J. Roumanille. *Avignon*, 1852, in-12, cart.

653. Nova Colleccio de cantichs espirituals sobre las principals veritats catolicas, per lo R. D. Baro Prebere. *Avinyo*, 1841, in-12, cart.

654. Lou Galoubi di Jacintou Morel, ou Pouesious prouvençalous d'aquel outour réculidous per seis amis. *Avignon, Bonnet*, 1828, in-12, fig. demi-rel.

655. Recueil de noëls provençaux, composés par le sieur Nicolas Saboly. *Avignon, J. Chaillot*, 1804-1839, 2 vol. in-18, demi-rel.

656. Almanach populaire du Midi pour l'année bissextile 1852. *Avignon, Seguin*, 1852, in-18, cart.

657. Recueil de poésies. Martelout, lous rats de cavo et lous commis de l'octroi, par Monteyrol. *Périgueux*, 1847. — La Saoucou d'espinar, par Cassan. *Avignon*, 1836. — Lou Darnié pla, par le même. *Avignon*, 1849. — Paouro Martino, par C. Bousquet. *Alais*, 1855. — Les Paniers, par Raspieler. 1849. — Piços nouvellos et curiousos au sujet doou san Parlamen de Prouvenço. *Gaid'anos*, 1756. — La Campanou deis penitents, etc. 11 pièces in-4 et in-8, cart. et br.

658. Nouveau Recueil de noëls provençaux, composés par le sieur Joseph Arnaud. *Carpentras*, 1815, in-12, demi-rel. — Noëls provençaux et français,

ou Cantiques sur la naissance du Sauveur. *Carpentras, s. d.*, in-12, cart.

659. Recueil de poésies. 8 pièces in-8 et in-12, cart. et br.

Le Testament d'un juif de la ville de Carpentras. *S. l. n. d.* — Lou Siégo di Carpentra, de Fr. Long. *Carpentras*, 1843. — Dialecte de Carpentras, par Camille Reybaud. (*Manuscrit.*) — Ma Fruche pouétique, par Jacques Brun. *Carpentras*, 1845. — L'Ouragi, par J. Brun. (*Manuscrit.*) — L'Hiver, par le même. 1846. — Moun Proumiè Rendi-vous. (*Manuscrit.*) — Les Amours de Victor et de Rose aux bords de Vaucluse, par V. Monard. *Carpentras*, 1861.

660. Recueil de poésies, par V. Monard d'Orpierre. *Carpentras*, 1846, in-12, br. — Povemous carpentrassiens. *Carpentras*, 1857, in-12, br.

661. Recueil de noëls provençaux, composés par le sieur Nicolas Saboly. *Carpentras*, 1803-1839, 2 vol. in-12, demi-rel.

662. La Vie du bienheureux saint Geus, suivie des hymnes et du cantique à l'honneur de ce saint, par I.-G. Slusius. *Carpentras*, *s. d.*, in-12 de 24 pag. cart.

663. Le Triomphe de la voilette, par D. Dugay. *S. l. n. d.* — Lou Rabaïaire, 1er semestre. — Lou Gala de moussu Flari. *Apt*, 1855, 3 pièces in-12, cart.

664. Lou Gala de moussu Flari, pouemo prouvençaou en cinq trouas. *Apt*, 1853. — Lou Cat di misé di Lary, conti veritable, per Bouonavanturo. *Apt*, 1855, 2 vol. in-18, cart.

665. La Fio et lou Chivaou, par J.-C. Castor, d'Apt. — Leis Figos de la veio de Nouè. — Leis Aousseus célèbres. — Ciro de Blé. — La Fiemo et l'Aze, etc. 2 plaq. in-4, cart.

Manuscrit.

666. Catechisme de la diocesi de Nisso, publicat d'ordre de monsignor Domeneche Calvano. *Nisso*, 1836, in-12, demi-rel.

667. La Vida de saint Honorat (la Vie de saint Honorat), légendes en vers provençaux du XIIIe siècle, par Raymond Féraud. *Paris, P. Janet, s. d.*, gr. in-8, br.

668. Chansons spirituelos en provençau à l'usage dei Missieus. *Marseille, H. Martel*, 1700, pet. in-8, fig. n. rel. (*Incomplet de 2 ff.*) — Chansons spirituelos en provençau à l'usage dei Missieus dei Peros Minimes. *Marseille, L. Mesnier*, 1716, petit in-8, vél. (*Piqûres de vers.*)

669. Lou Triomphe de Marsillo, ode. *S. l.*, in-4 de 4 ff. cart.

670. La Bourrido dei Dieoux, pouémo, par M. Germain, de Marsillo. *S. l.*, 1760, in-4 de 12 ff. n. rel.

671. Recueil de pouésies prouvençales, de M. F.-T. Gros, de Marseille. *Marseille, Sibié*, 1763, demi-rel. bas.

672. Cantiques spirituels à l'usage des missions de Provence, en langue vulgaire, par le R. P. Gautier. *Marseille, Jean Mossy*, 1766, 1780, 1823, 3 vol. in-12, rel. et br.

673. Ce que esperavian pas, ou Jean-Pierre vengu de Brest, intermède provençal terminé par le Train de Saint-Giniès, par le sieur B. Bonneville. *Marseille, Ant. Favet*, 1781, in-8 de 6 ff. br.

674. Jan-Pierre venu de Mahon, ou le Train du Pharo, divertissement français et provençal, par M. Bonnet-Bonneville. *Marseille*, 1782, in-8, cart.

675. Comédies. Le Marché de Marseille, vo lei doues Coumaires, par Carvin. *Marseille*, 1785, Mestré Barna, marchand de vin eis Grands-Carmés, vo soou, fas pas maou, par le même. *Marseille*, 1824. — Leis doues Coumayrés d'ou Marca de Marsillo, par le même. *Marseille*, 1832, 3 pièces in-8, cart.

676. Recueil de cantiques spirituels, imprimés par ordre de Monseigneur J.-M. Champion de Cicé, archevêque d'Aix et d'Arles (en langue provençale). *Marseille, J. Mossy*, 1806, in-12, n. rel.

677. Comédies. — Mesté Mauchuau, ou le Jugement de l'âne. *Marseille, s. d.* — La Bienfaisance de Louis XVI, vo leis Festos de la pax (par Blanc-Gily). *Marseille*, 1814. — Cristoou et Fresquière, ou la Queue de l'âne arrachée. *Marseille*, 1825. Jean de Cassis. *Marseille*, 1825. — Au Prix fixe, vo Scarpin courdouniè deis damos, par Carvin. *Marseille*, 1834. — Lou Grouliè bel esprit, vo Suzeto et Tribor, par M. Pelabon. *Marseille*, 1838. — Lei douei Gournaoux, ou Martin et Louis. *Marseille*, 1844. — Lou Retour, ou lou Sargeant la Gargousso. *Marseille*, 1846. — Leis Intriguos d'un Amatour, par Fr. Arnaoud. *Marseille*, 1847, etc. 14 pièces in-8 et in-12, cart. et br.

678. Facéties provençales, ou Recueil de diverses pièces bouffonnes, originales et inédites, en idiome provençal, dont le manuscrit a été trouvé en 1796, sous les ruines de l'église des Accoules, etc. *Marseille, Chaidon*, 1815, in-12, br.

679. Recueil de poésies provençales. 9 pièces in-8 et in-32, cart. et br.

Lou Credou-couer d'un paysan sur la mouert de soun ay eme la souffranço et la miseri dei fourças que soun en galero, par Louis Reynier. *S. l. n. d.* — Coumplainto sur l'Oouragi de 1815, par M. Diouloufet. *Aix*, 1816. — Les Amours de Vanus, par T. Chailan. *Marseille*, 1843. — Lou Lengage prouvençaou et leis francisurs, par F. Laugier. *Aix*, 1853. — Lou Foint, par Chabert, 2 livr. *Marsillo*, 1858. — Lei Vieils Camins, par C. Dauphin. *Marseille*, 1861.

680. Jean de Cassis oou Martegué, imitation burlesque de Jean de Paris, mêlée de contes, saillies et bons mots, attribués aux anciens habitants du Martigues, en un acte et en vers provençaux, par C*** aîné, de Marseille. *Marseille, Masvert*, 1816, in-8 de 45 pag. br.

681. Lou Bouquet prouvençaou, vo leis Troubadours revioudas. *Marseille, Achard*, 1823, in-12, demi-rel.

682. P. Bellot. Recueil de poésies provençales. 6 pièces in-8 et in-12, cart. et br.

Dialecte de Marseille. — Nouvelles poésies. *Marseille, s. d.* — L'Ermito de la Madaleno, ou l'Oubservatour Marsiés. *Marseille*, 1824. — Uno Proumenado de l'Oubservatour Marsiés. *Marseille, s. d.* — Lou Gymnaso de lou Grand-Théâtré. *Marseille*, 1838. — Dernieros Beluguos poétiquos. *Marseille*, 1853.

683. Comédies. Cristoou et Fresquière, ou la Queue de l'âne arrachée. *Marseille*, 1825. — Les Bohémiens, vaudeville burlesque. *Marseille*, 1840. — — Lou Proucurour enganat, par E. Reymoneuq. *Marseille*, 1851, 3 pièces in-4 et in-8, cart.

684. Les Moments perdus, recueil de poésies françaises et provençales, par P. Bellot. *Marseille, Achard*, 1828, 2 tomes en 1 vol. in-12, fig. cart. n. rog.

685. Noëls français et provençaux, par le R. P. Roche. *Marseille, Jean Mossy*, 1829, in-12, demi-rel. bas. n. rog.

686. Lou Troubadour natiounaou, vo lou Chantré tarascounen, recueil dé pouésiou poulitiquou, bachiquou, pastouralou; etc., en vers prouvençaou, par Jh Désanat. *Marseille*, 1831, 2 vol. in-18, demi-rel.

687. Poésios prouvençalos, per Louis Isnardoun. *Marseillo*, 1832-36, 3 plaq. in-12, cart.

688. Désanat. 6 pièces in-8, cart.

Épître à Pierre-Paul Riquet di Bou-Répaou. 1833. — Tarascoun, Grando revuo d'uno pichoto villo. *Avignon, s. d.* — A moun ami Auberry. (*Manuscrit.*) Leis Dobos Pochos grassos, vo leis Avant aros deis cousinieros de Marsio. *Marseille, s. d.* — Mazagran, cantate dediado à l'armado d'Afriquo. — La Souucissounado de Tarascoun et d'Arlé. *Marseille*, 1851.

689. Recueil de poésies provençales. 7 pièces in-8, cart. et br.

Leis Amours de Vanus, par Chailan. *Marseille*, 1838. — Georgiquos prouvençalos. *Marseille*, 1843. — Leis Nervis en partido de casso, par E. Robert. *Marseille*, 1859. — La Secounde Counfessieu d'un énfant di Marsie-par David. *Marseille, s. d.* — Lou Bourrisquou presta, par F. Chailan. *Marseille, s. d.* — L'Ermito de la Madaleno. *Marseille, s. d.* — Lou Pissadou revessa, vo leis Doueis Coulegues. *Marseille, s. d.*

690. Bellot. Moussu Canulo, vo lou Fiou ingra, comédie. *Marseille*, 1832. — Lou Dina de Madeloun. *Marseille, s. d.* — Les Deux Magots, ou un Bal de carnaval. *Marseille*, 1840. — Lou Martegaou en vouyage. — Les Bouquetières, ou les Trois Mariages. *Marseille*, 1843, 5 pièces in-8, cart.

691. Contes provençaux. Lei Peys d'oou Canoubier. *Marseille*, 1839. — Lou Lavament. *Marseille*, 1854. — Lou Galegeaire, par P. Bellot. *Marseille*, 1855. — La Counfessieu d'un Paysan, par P. Roumau. — *Marseille, s. d.* — Zita, Peirin, par J. Lejourdan. *Marseille, s. d.* — Le Paysan d'Allaou, par le même. *Marseille, s. d.* — Margarido et Tounin, par le même. *Marseille, s. d.* — L'Escoumesso deis quatre Fremois. *Marseille, s. d.* 10 pièces in-8 et in-12, rel. et broch.

692. Recueil de poésies provençales. 14 pièces in-8 et in-12, cart. et br.

Leis Bugadieros, par Lachiquo. *Marsio*, 1839. — Lou Groulié bel esprit, vo Suzeto et Tibor, par Pelabon. *Marseille*, 1839. — Chichois oou Counservatoiro. *Marseille*, 1840, — La Vido d'uno Gourrino, par M. Bourrelly. *Marseille*, 1842. — Lamentatieus carlo-jesuitico-henrico-legitimisto oou sujet di la visito di M. Berryer. *Marsio*, 1844. — Une Journado aou Rougas-Blanc, par Th. Achard. *Marsio*, 1841. — Les Mystères de Jarret, par Eug. Liotaud. *Marseille, s. d.* — Lou Secret per destruire leis garris, par Serre *Marseille, s. d.*, etc.

693. Désanat. Poésies provençales. 8 pièces in-8, cart.

Lou Canaou deis Alpinos. *Marseille*, 1839. — Refutatiou dirigeado contro la Gazetto d'oou Miéjou. *Marseille*, 1839. — La San-Bartelemi deis courties marrouns. *Marseille*, 1840. — La Guerro de proupagando, garo leis estrangiers. *Marseille*, 1848. — Lou Camin de ferré de Marsio à Avignon, pouemo à la vapeur. *Marseille*, 1843. — Napoleoun, vo leis Restos doou grand hommé. *Marseille*, 1840. — L'Inoundatieu de Tarascoun, nei doou 31 maï 1856. — La Statuo de Puget. *Marseille*, 1846.

694. Recueil de poésies provençales. 4 pièces in-8, cart. et br.

La Sainte-Baume, description physique et historique, par Fort. Chailan.

Marseille, 1839. — Le Tremblamen de terro de la Guadeloupe, par un Marseillais. *Marseille, s. d.* — Véritablés Sooucissots d'Arlé. *Marsio*, 1852. — La Bastido de Toussant Lapiquo, par Barth. Lapommeraye. *Marseille*, 1857.

695. Chichois. La Police correctionnelle, scènes de mœurs, par G. B. *Marseille*, 1841, in-18, demi-rel. v. r. n. rog.

696. Chichois, vo lou Nervi de moussu Long. 1840. — La Counvercieu de Chichois. *Marseille*, 1841, 3 plaq. in-18, cart.

697. Obros coumpletos de Pierre Bellot, coumpousados de pouesios prouvençalos. *Marseille*, 1841, 4 vol. in-18, demi-rel. bas. n. rog.

Avec envoi autographe de l'auteur.

698. Œuvres complètes de T. Gros, suivies de morceaux choisis de quelques poëtes provençaux. *Marseille*, *Arnaud et Gueydon*, 1841, in-8, demi-rel.

699. Collection complète du Bouil-Abaisso, journal populaire en vers provençaux, publié par Joseph Desanat. *Marseille*, *Carnaud fils*, 1841, in-4, demi-rel.

700. Lou Bouil-Abaïsso, journal en vers provençaux, languedociens et comtadins, avec une préface en français, par M. Augustin Fabre. *Marseille*, *Gorrilliot*, 1844-46, in-4, demi-rel.

701. Recueil de poésies. Lou Meloun miraculous, 1842. — Moussu Saounie, vo lou Medecin, lou paysan et leis figuos. *Marseille, s. d.* — La Passieu de Jesus-Christ, par M. Decard. *Marseillo.* — La Gavoueto, par A. Blanc. *Marseille.* — Leis Radieros Pensados dóou poueto cassaire. *Marseille*, 1854. — L'Aboundanei, ou Grandeis verita, par Figanière. — Leis Desaviados, par M. Bourrelly. *Marseille*, 1846. — La Veilho de Nouvè, vo lou Paysan de Mimet, par A.-L. Granier. *Marseille*, 1847, etc. 18 pièces in-4 et in-8, cart.

702. Le Troubadour moderne, ou Poésies populaires de nos provinces méridionales, traduites en français par M. Cabrié. *Paris, Amyot*, 1844, in-4, broché.

703. Chailan (F.). Les Quichiés, scéno historiquo. *Marseille*, 1845. — Leis Bugadieros, scène populaire. *Marseille, s. d.* — Les Réflexions d'un ouvrier sur la position humaine et sociale. *Marseille*, 1850. — 4 pièces in-8, cart.

704. Dialogues provençaux. 4 pièces in-8, cart.

Un Blu et un Rouge, en vers, par J. la Chico. *Marseille, s. d.* — Lei Douei Gournaoux, ou Martin et Louis à la fiero de San-Lazare. *Marseille*, 1847. — Jean qué plouro et Jean qué ris, par Aug. Deidier. *Marseille*, 1848. — Jean deis Pettos counsurtant lou médecin Maquet. *Marsilho*, 1853.

705. La Margarideto, poésies provençales, par J. Roumanille de Saint-Remy. *Paris, Techener*, 1847, in-8, cart. n. rog.

706. Pouésios prouvençalos, par Marius Clément. *Marseille*, 1845-51, 6 livr. in-8, br.

707. Lejourdan (Jules). La Plainto de misi Moutto, suivido de l'interrogatoiro daou Nervi. *Marsilho*, 1850. — Lou Testamen doou paoure Mouar, suivi d'oou sermoun d'un cura de village. *Marsilho*, 1851. — La Bandiero doou mariagi, suivido de l'Estello doou bastard, etc. *Marsilho*, 1852, 3 pièces in-8, cart.

708. Lejourdan (Jules). Recueil de poésies provençales. 7 pièces in-8, cart. et br.

Que t'enflé, suivi d'Adrou sur leis capotos. *Marsilho*, 1851. — Lou Proumier de Millo. *Marseille*, 1856. — Jannet en pressoun. *Marseille, s. d.* — Mouere qui a fam. *Marseille, s. d.* — Leis Orphelins, vo la mouar d'uno mèro. *Marseille, s. d.* — La Guioutino. *Marseille, s. d.* — Ma Femme et les Sampinons. *Marseille, s. d.*

709. Naissance de N. S. Jésus-Christ, ou Crèche pastorale, en 4 actes et 7 tableaux, avec tous les anachronismes d'usage en vers français et provençaux, par Pierre Bellot. *Marseille, Boy*, 1851, in-8, cart. — Grande Crèche pastorale, pièce en

cinq actes, etc., par le même. *Marseille*, 1851, in-8, cart.

710. Recueil de poésies provençales. 10 pièces in-8, broch.

Lei Intrigo de la couello de la gardi. *Marseille, s. d.* — Lou San de poucieou, par Laurent P... *Marseille*, 1851. — La Fuite doou poueto Marius Clement, rapport doou cholera de 1854. *Marseille, s. d.* — Leis Reprochis doou Martegaou a l'amperour de Russie, a prepaou de la priso de Sebastopol, par M. Clément. *Marseille, s. d.* — Lou Désespoir de doues peissouniero gueudo et clarisso oou sujet de l'arresta de M. lou mero, par le même. *Marseille, s. d.* — Lou Revo doou grand Turc, par Mᵉ H... *Marseille*, 1855. Lou Revo de Nicoula, par le même. *Marseille*, 1855. — Lou Portafai de lou rubi, par Luc Guillaume. *Marseille, s. d.* — Lou Recit de Catin la senco dents a mise Nanoun, par M. Clément. *Marseille*, 1856. — Chiquo-estrasso, par le même. *Marseille*, 1858.

711. L'Athénée ouvrier, recueil de morceaux poétiques et littéraires, publié par Gueidon fils. *Marseille*, 1852, in-8, br. — L'Athénée de province, recueil de morceaux poétiques et littéraires en français et en provençal, publié par le même. *Marseille*, 1854, 3 br. in-8.

712. Recueil de chansons provençales. 12 pièces in-4 et in-8, cart. et br.

Ero per rire, par Aubert. *Marseille, s. d.* — Ma Fremo et moun chin; leis Amours de Sigaou, par Bellot. *Marseille, s. d.* — Leis Cigalos, par Marius Bourrelly. *Marseille*, 1853. — Un Frèro de la Tasso, par A. Blanc. *Marseille, s. d.* — Vengenço nationalo, vo la Destructiou d'Abd-el-Kader, par Desanat. *Marseille, s. d.* — Mise Bereyo, vo lou Retour de Crimeyo, par J. Gal. *Marseille, s. d.* — Marianno deis Carmes, par Lejourdan. *Marseille, s. d.* — Mise Pignoou oou theatro, vo Parodio de la Touré de Neslo, par le même. *Marseille, s. d.* — La Mouar de Caramantrau, vo leis Suito doou carnaval. *Marseille, s. d.*, etc.

713. Lou Gaugui. Contes, anecdotos et facétios en vers prouvençaux, par Fortuni Chailau. *Marseille*, 1853, in-8, br.

714. Miettos doou bouau pan de la paraoulo de Diou. *Marsilho*, 1853. — Ludus sancti Jacobi, fragment de mystère provençal, découvert et publié par Camille Arbaud. *Marseille*, 1858.

715. Adam de Crapponne. Ode en vers provençaux, par A. Croussillat, à l'occasion du monument inauguré à Salon, le 22 octobre 1854. *Salon, Marseille*, 1854, in-8, fig. cart.

716. Almanach de Provence, revue annuelle, historique, biographique et littéraire, publié par Alexandre Gueidon. *Marseille*, 1856 à 1861, 1863, 1865, 8 br. in-8.

717. Le Mystère de la Naissance de N. S. Jésus-Christ, pastorale en quatre actes, par Ant. Maurel. *Marseille*, 1856, in-18. cart. n. rog.

718. L'Abeilho prouvençalo de 1858, par uno bibambello de Rimaires. *Marsilho*, *Feraoud*, 1858, in-12, br.

719. Guieu (A.). Chansons provençales. 6 pièces in-8, cart. et br.

Es toujour eis borni a jugear deis coulours. *Marseille, s. d.* — Leis Dindoulettos de trotoirs. *Marseille, s. d.* — Leis Bouffets crebas. *Marseille, s. d.* — Lou Vieil Mathiou. *Marseille, s. d.* — Vilhaut de Mouarts, vo la Criso commercialo de 1858. *Marseille, s. d.* — Vo mai bouon bru qué bouon vin, vo lou Vouyagé dé misé Margarido. *Marseille s. d.*

720. Lou Rabaïaire de peços prouvençales choousidos, tallos que contes, chansons, chansonnettos et romanços, par un escaboni de gais rimaires. *Marseille*, 1859, 1er et 2e semestres, 2 vol. in-18, brochés.

721. Noëls prouvençaux. — Li Trabail et la Misero. — Dialecte de Brignoles. — Epitro a M. Couzinie, etc. 7 pièces in-fol. et in-8, cart.

722. Dialecte de Marseille. 5 pièces inédites, cart.

Lou Rendé-vous, par M. Bourrelly. — Lou Parpayoun marsiés. — Pièce inédite, adressée à M. Desanat. — Leis Brigaud.

723. Fables. — Recueil de dix fables prouvençales de F. Gros. In-4, cart. (*Marseille.*) — Fables et Contes, par E. Garcin. *Marseille*, 1845, in-8, demi-rel. v. r. — Leis Enfants et leis Parpayouns, par André Guieu. *Marseille*, *s. d.*, 2 p. in-8, cart. — Fables provençales, par M. d'Astros. *Aix*, *s. d.*, in-8, n. rel.

724. Recueil de chansons provençales. 7 pièces in-8, cart.

L'Inguent de mest' Arnaou, par J. Arnaud. *Marseille, s. d.* — La Tarahino, par Pol. Figanière. *Marseille, s. d.* — La Goustetto, par le même. *Marseille, s. d.* — Qù us na pounchu poou pas mouri carra, par le même. *Marseille, s. d.* — Lou Desespoir de misé Blesquiu, vo la démoulitien deis vieils quartiers, par J. Gal. *Marseille, s. d.* — Ma Brunetto, par Rod. Serre. *Marseille, s. d.* — La Dindouletto, par le même. *Marseille, s. d.*

725. Blanc (A.). Chansons provençales. 4 pièces in-8, cart. et br.

L'eimes? O paoure!!... *Marseille, s. d.* — Leis Catarinettos, duo bouffe. *Marseille, s. d.* — La Crinolino, vo leis raoubos a balloun. *Marseille, s. d.* — Lou Mortier sente toujour l'aié. *Marseille, s. d.*

726. Langage. Chapitre III de la deuxième section de la statistique des Bouches-du-Rhône, pages 127 à 199. In-4, br.

727. Extraits des œuvres diverses de J. Topin. *Aix*, 1833. — Poésios prouvençalos, par Toussaint Payan. *S. l. n. d.* — Lou Toupet dedia eis cranos de Jarret. *S. l. n. d.* — Lou Journal de Duprat, par L. Maumen. *S. l. n. d.*, 4 pièces in-4 et in-8, cart.

728. Comédies. L'Home pervengie. (*Manuscrit.*) — La Patrio avant tout, même avant la mestresso, par Al. Gourrier. *Toulon*, 1832. — Patroun prairi, vo lou Pescadou Tourounnen, par Benoin Mathieu. *Toulon*, 1833. — Lou Cordié maou counten, par J. Gastinel. *Toulon*, 1839, 4 pièces in-8, cart.

729. Pelabon (Louis). Le Chant de l'ouvrier. *Draguignan*, 1842. — Sous les cyprès, élégies. *Toulon*, 1853. — Le Barde de Crimée. *Toulon*, 1857. — La Guerre d'Italie. 1860. — Notre-Dame de Bonne-Garde. *Toulon*, 1862. — Recueil de noëls et dialogues. *Toulon*, 1853. — Un Coou de Draguo. *Toulon*, 1846. — Notice biographique. *Toulon*, 1859. 8 pièces in-8, cart. et br.

730. Pelabon. Comédies. Lou Groulié bel esprit, vo Suzeto et Tribor. *Avignon*, 1805. — Tranchet et Crestino, ou lou charivariu. *Toulon*, 1835. — Magaou et Canoro vo lou proucès doou pouar. *Tou-*

lon, 1835. — Vitor et Madaloun. *Toulon*, 1837. 6 pièces in-8 et in-12, cart.

731. Fables, Contes et Historiettes en vers provençaux, par M. Eusèbe Reymoneuq. *Toulon, J.-M. Baume*, 1835, in-8, br.

732. Recueil de poésies prouvençales. 9 pièces in-8, cart. et br.

Lou Naufragé de la Meduso. *Toulon*, 1824. — Responso à l'Iambo de M. Gaut, par F. Peisse. (*Manuscrit.*) — Lou Pintre Costo, par Al. Poncy. 1844. (*Manuscrit.*) — Pouesies prouvençales, par Alexandro Poncy. *Toulon*, 1545. — Lou Jouiné Troubadour prouvençaou. 1846. — Paul, par Casimir Dauphin. *Toulon*, 1853. — Mariéto, par le même. 1854. — Renaie des chins sur l'impot. *Toulon*, 1856. — Les Soirées de la Société de Saint-François-Xavier. *Toulon*, 1860.

733. Pièces fugitives en vers français et patois (par Chrestien). *S. l. n. d.*, in-8, demi-rel. (*Rare.*)

734. L'Opera d'Aoubais, pieça patoisa en un acte. *S. l. n. d.*, in-12, demi-rel.

735. Fablo. Lou Bastidan, soun chin et lou reinard (imitation de la Fontaine), par M. d'Astros. *S. l. n. d.*, in-8 de 15 pag. br.

736. Recueil de poésies. 8 pièces cart.

Lou Crebo-couert d'un paysan. — Lou Mau d'amour. — Pir Languard. — Li Nouvè de Saboly. — Cantiques nouveaux. — Mort, en prose, de Fr. Benaset. — Dialogue de l'ombre de l'abbé de Naut avec son valet Antoine.

737. Sermet. Lettre en réponse à celle qu'a adressée le P. Sermet au clu' des Amis de la Constitution. — L'Hypocrite découvert. — Abis a las bardos gens tant de la bilo que de la campagno. — Petit Mot de response a un certen imprimat qui a per titre : Abis a las brabos gens de la bilo é de la campagno. — Al péro Sermet. 6 pièces in-12, cart.

738. Galtier. Li Fresqueil et li Canal. 1847. — Li Rasin. 1844. — Su la fablo del Loup é l'Agnel de mestre la Fountaino. 1847. —L'Ours é li Singe. 1847. 4 pièces in-12, cart.

739. Roumanille. La Propriété. Un payon, un propriétaire. 1849. —Li Partejaire. Etudes de mœurs

provençales. 1850. — La Ferigoulo. Pochade provençale. 1850. — Santo-Croux. A ma sore Touneto. Una Floureto. 1851. 10 pièces in-8, cart.

740. Revel. Le Biel mandiant. — La Pescaïre et l'Endialo. — Uno Mamoïs dins le mes de Janbié. 3 pièces in-12, cart.

741. Galtier. Recueil de poésies. 19 pièces in-12, cart.

Un Tour di Sourciè. 1844. — Mémoris d'un Gat. 1844. — Les Fêtes de Noël. 1844. — La Coufiihado. 1844. — Respounso al Flanur. 1845. — Les Dous Pijouns. 1844. — Li Pouil d'en Marsoulan e li Pouil d'en Antioch. 1845. — En Calandrin, counté imitat di Bouccacio. 1845. — A Alexandre Soumet. 1845. — Las Graoufignados, 1845. — Scèno di quartiè; un Pari chez les membrés di la Souciétat Caquet. 1847. — Prounoustics per l'an 1848. — Uno Bestiso, tirado des countés di moun païs. 1847.

742. Roumanille et autres. Li Prouvençalo. — Rampelage. — Pauryo e Carita. — Lou Bon Rescontre. — Li Dous Serafin. — L'Avaras. — Dideto remembranço. — Li Segaire. — La Roso e la Margarideto. — Se nen fasiam un avocat. — A Bigaud. — Ma Vesino. — A M. de Falloux. L'Aiglo e lou Quinsoun. — Lou Bon Remedi. — Per lou mariagi de Rosino et de Jeanet. 1850-51, 18 pièces in-8 et in-12, cart.

743. Bigot (A.). Poésies. Souvénenço. — Amour et Tristesso. — Brunetto. 3 pièces in-8, cart.

744. Peyrottes. La Marseilhésa das Estaneilhars. — A mon ami J.-B. Soulas. — La Familha. — Ode à moun ami Ernest Bonneville. — A Jasmin (d'Agen). Les Orcholets. 5 pièces cart. et br.

745. Comédies. La Dameizello noblo troumpado par un paysan. — Lo Coronament de David. — Lou Paysan et lou Pastissïer, vo es pas lou plus fin que pagno. — Dialecte de salon, par J.-B. Crousillat. 4 pièces in-fol et in-8, cart.

746. Recueil de poésies. 19 pièces in-4 et in-8, cart.

Jasmin, par le marquis de la Fare. 1843. — Requeta du Counsel municipal. 1843. — L'Emancipatiou de las Flouretos. — Souffrenços d'hiber. — Li Lébriè. — Un Mot à l'Abeillo. — As Oubriès. — Lou Fouel d'amour. —

L'Entestamen d'una Fenna. — Le Tiro pel. — La Campanou deis Penitents. — Leis Cassaires et l'Ooumeletto, par Serre.

747. Recueil de chansons. 30 pièces in-4 et in-8, cart.

Me cal mouri. — Lou Passerou ingrat. — Extrait d'une chanson de carnaval. — Georgi l'enflé, par R. Serre. — Cansoun descriptivo di la Festo patrounalo de Manosquo. — La Reyno des Artisanotos. 1853, etc.

748. Pelabon (Louis). Amourettos. — Les Anciens Troubadours doou Var. — Diolecte de Toulon. — Lou Parpailloun del la limaço. — Un Coou de Draguo. Recueil de pouesios prouvençales. — Poésies diverses. 1845, 6 pièces in-4, cart.

749. Recueil de poésies. 8 pièces, in-8, cart.

Letro d'un Paysan de la Lando à un Paysau de l'Ardeno de sous amics, sul sutjèt d'un discours d'Academio. *S. l. n. d.* — La Dodonnière des Plaisants. — Credo demoucratique. — Leu Pot et la Nobi. — Nouè. — Villomagne. — Tastens Tou. — La Barqueto, par L. Prosper.

750. Recueil de poésies. 20 pièces in-4 et in-8, cart.

Uno Roso de mai. — Epitapho de Neivaut. — La Dourguette. — Lou Coutelet. — Lisa. — Lou Revenan deis Cayoous. — L'Innoucen. — Le Justinitan et la Reformo. — La Cigalo et la Fourmigo. — A moun ami Bellot. — Enluminure sur le portrait de l'abbé de Branses. — L'Avignoussen despeisa, etc.

Manuscrit.

751. Lou Théâtre de Bézagno, vo l'assemblado deis amatours; comédie en 2 actes en vers français et provençaux par M. Aldebert Verniet. *S. l.*, 1840, in-8, cart.

752. Pimparélas. Faoulié de C. de Gibloux. *Paris, Barrois*, 1846, in-12, cart.

753. Fleurétas, par M. de Gibloux, *Paris, Barrois*, 1846, in-8, br.

754. Fablos, contos, épitros et autres pouesios prouvençalos. *A-z-ai*, *Gaudibert*, 1829, in-8, fig. demi-rel. bas. bl.

755. Les Veillées provençales, mélanges de poésies patoises et françaises, par P. Bellot. *Marseille, impr. de J. Clappier*, 1852, in-4, br.

756. OEuvres complètes de Pierre Bellot. *Marseille, Dutertre,* 1836-40, 3 vol. in-8, demi-rel. bas. bl.

757. Li Prouvençalo, poésies diverses recueillies par J. Roumanille, précédées d'une introduction par sieur René Taillandier et suivies d'un glossaire. *Avignon, Séguin,* 1852, in-12, portr. br.

758. Chichois, poèmes, contes et épîtres en vers provençaux, mêlés de vers français par G. Bénédit. *Marseille,* 1853, pet. in-8, portr. br.

759. Roumavagi deis Toubaires. Recueil des poésies lues ou envoyées au congrès des poëtes provençaux, tenu à Aix le dimanche 21 août 1853, publié par J.-B. Gant. *Aix, Aubin,* 1854, in-12, broch.

760. Quan vou preudre dos lèbre a la Fes n'en pren ges, coumèdi prouvençalo en tres ate e en vers de L. Roumieux, de Nîmes (avec la traduction littérale en regard). *Avignoun, Roumanille,* 1862, in-12, br.

761. Lou Tambourinaire et le ménestrel, journal provençal et français par P. Bellot et L. Méry. *Marseille, impr. Senès,* 1841, pet. in-fol. demi-rel.

762. Pastoril sobre la nativitat de Jesu Christ en tres actos. In-fol. cart.

Manuscrit.

763. Lou Jardinié et soun seignour, par M. Limouzin-Lamotte, 1844. — Li Loup et l'Agnel, par Mengaud, 1846. — Epigramme contre M. Dutour, 1848. — Le Pourtrait d'uno fillo maduro, 1849. — Poésie par le docteur Aug. Dassier, 1850. — Poésies par M. Gase, 1850. — Poème patois, par Tribolet, 1851. — A Prouha statuaire, par L. Mengaud, 1851 ; etc. 12 pièces in-4 et in-8, cart.

Manuscrit.

764. Peyrottes. Recueil : Hymna, 1843. — Oda : Imitado del Psaoumi CXIX. — Appel as elections, 1844. — Oda, imitada del Psaoume CXXIX. — Let-

tres, 1844, 1845. — Compassiou, 1845. — Oda, imitada del Psaoume XIX, 1845. — Sagessa, hommagi à M. Achille Jubinal. — Lettre en patois, 1844. 9 pièces in-4 et in-8, cart.

Manuscrit.

765. Recueil de poésies provençales. Songi de Thyesto, imita de Crébilloun (*Manuscrit*). — Epitrou à M. P. Bellot, par J. Pomme (*Manuscrit*). — Responsou à M. Detruchet, par Balthazar (*Manuscrit*). — La Caligneiris, Minetto, Ma Brunetto, Lou Pescaire de l'arcq, par J.-B. Gaut (*Manuscrit*). — A Joousi Desanat. A Moussu A. Vire. A Moussu A. Vire, par A. Couret (*Manuscrit*). 5 pièces in-4 et in-8, cart.

766. Recueil de poésies. L'hiber et la bonno onnado, par Baldous, 1842. — Pièces copiées et communiquées par M. Ad. de Barrau, 1850. — Vers en l'honneur de M. Rozier, maire de Rhodez. L'Home counten, par M. J. Pasturel. 4 pièces in-4 et in-8, cart.

Manuscrit.

767. Guillu (H.-C.). Las Doulours del cor, ou las Abanturos de Léon de Sant-Cyr. — Las Quatre Sasous, idyllos mouralos. 2 pièces in-4, cart.

Manuscrit.

768. Bouquet de cauquos Flouretos, cueillidos sul Parnasso Biterroil, en l'an 1726. In-8, demi-rel. basane.

Manuscrit.

769. Roumanille. Lou Colera, cristoou lou beffi e Tisto, 1842. — Madaleno sou paoure viei. — Li dous Pigouns. — Li Gabelou, 1844-45. — Li Partijaire, étude de mœurs provençales, 1850. — Santo Croux. — A ma sore Touneto. — Uno Flouréto, 1851. — Poesio provençalo, parla de San-Roumin. *S. d.*, 5 pièces in-8, cart.

Manuscrit.

FIN.

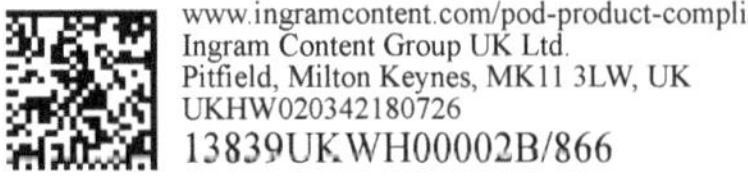

www.ingramcontent.com/pod-product-compliance
Ingram Content Group UK Ltd.
Pitfield, Milton Keynes, MK11 3LW, UK
UKHW020342180726
13839UKWH00002B/866